INTERMEDIATE IRISH:
A GRAMMAR AND WORKBOO

Intermediate Irish: A Grammar and Workbook is designed for learners who have achieved a basic proficiency and wish to progress to more complex language.

This workbook, along with its companion volume *Basic Irish*, provides summaries of the essential points of Irish grammar as well as opportunities to practice using the structures of the language. *Intermediate Irish* introduces more complex grammatical structures and builds on the lessons of *Basic Irish*. Each of the twenty-five units summarizes a vital grammatical or vocabulary point with many often neglected aspects of usage being discussed and explained.

Features include:

- grammatical presentation of the most salient grammatical structures within the Irish language with details of usage;
- between three and six exercises in each lesson, providing practice in the grammatical forms introduced in the text;
- examples of dialect variation;
- full exercise answer key.

Suitable for independent learners and students on taught courses, *Intermediate Irish* together with its sister volume, *Basic Irish*, form a structured course in the grammar of Irish.

Nancy Stenson is Professor within the Linguistics Program of the University of Minnesota, where she has taught both Linguistics and Irish language classes. She is the author of *Basic Irish: A Grammar and Workbook* and *Studies in Irish Syntax*.

Other titles available in the Grammar Workbook series are:

Basic Cantonese
Intermediate Cantonese

Basic Chinese
Intermediate Chinese

Basic German
Intermediate German

Basic Italian

Basic Polish
Intermediate Polish

Basic Russian
Intermediate Russian

Basic Spanish
Intermediate Spanish

Basic Welsh
Intermediate Welsh

Titles of related interest published by Routledge:

Basic Irish: A Grammar and Workbook
By Nancy Stenson

Colloquial Irish (forthcoming 2008)
By Thomas Ihde, Roslyn Blyn-LaDrew, John Gillen & Máire Ní Neachtain

INTERMEDIATE IRISH: A GRAMMAR AND WORKBOOK

Nancy Stenson

Routledge
Taylor & Francis Group

LONDON AND NEW YORK

First published 2008
by Routledge
2 Park Square, Milton Park, Abingdon, Oxon OX14 4RN

Simultaneously published in the USA and Canada
by Routledge
270 Madison Ave, New York, NY 10016

Routledge is an imprint of the Taylor & Francis Group, an informa business

© 2008 Nancy Stenson

Typeset in Times by
Florence Production Ltd, Stoodleigh, Devon

Printed and bound in Great Britain by
Antony Rowe Ltd, Chippenham, Wiltshire

British Library Cataloguing in Publication Data
A catalogue record for this book is available from the British Library

Library of Congress Cataloging-in-Publication Data
Stenson, Nancy.
  Intermediate Irish: a grammar and workbook/Nancy Stenson.
      p. cm.
    1. Irish language–Grammar.   I. Title.
  PB1223.S75 2007
  491.6'282421–dc22   2007026178

ISBN10: 0–415–41042–8 (pbk)
ISBN10: 0–203–92709–5 (ebk)

ISBN13: 978–0–415–41042–7 (pbk)
ISBN13: 978–0–203–92709–0 (ebk)

CONTENTS

* Prepositions I and II are in *Basic Irish*.

INTRODUCTION

This workbook, along with its companion volume, *Basic Irish*, is intended to provide both summaries of essential points of Irish grammar and opportunities to practice manipulating and using the structures of the language. It is intended to accompany and supplement whatever course materials an individual or class is using. Each unit summarizes a grammatical or vocabulary point, which can be used each time an aspect of that point comes up in lessons of the course the learner is following. Many units also discuss aspects of usage which are often assumed without explanation in other learning materials. Every effort has been made to keep technical jargon to a minimum, but some terms are needed for efficient reference to particular structures. Where possible, I have tried not to assume knowledge of grammatical terminology but to clarify meanings through examples or explicit definitions. However, familiarity with a few common grammatical terms is assumed, for example, 'noun', 'verb', 'adjective', 'singular/plural', 'subject', 'predicate', and 'object'. Readers who are not comfortable with these terms may consult other reference works for guidance.

One complication to the study of Irish is the great dialect diversity found across gaeltacht (predominately Irish-speaking) communities. Each of the three major provinces where Irish is still spoken at the community level – Ulster, Connacht, and Munster – differ noticeably from one another, especially in pronunciation and also in some vocabulary, word formation (morphology), and, occasionally, even sentence structure. Each province contains several gaeltacht areas, described briefly here, from north to south. In Ulster, several *gaeltachtaí* are found in County Donegal, among them areas around the villages of Gaoth Dobhair, Rinn na Feirste, and Gleann Cholm Cille. In addition, a growing community of Irish speakers can be found in Northern Ireland, especially in Belfast. Their speech has many features in common with that of the Donegal communities, but some characteristics of its own as well. Connacht dialects are found in two counties, Mayo and Galway, with the largest gaeltacht region, both in area and in population, being the Connemara region of County Galway and the adjacent coastal communities to the west of Galway city, known as Cois Fharraige. Small gaeltachtaí in County Mayo are found on Achill Island, in Tuar Mhíc Éadaigh and on the Iorras (Erris) Peninsula. Southern dialects are found in three counties of Munster: Kerry (especially the Dingle Peninsula, or Corca Dhuibhne), Cork (Baile Bhúirne and Cape Clear Island), and Waterford (Ring, or an Rinn). Each has its own identifiable features, especially in pronunciation, but all resemble each other more than they resemble the more northern dialects. In addition, County Meath in the province of Leinster has two gaeltacht communities, created in the mid-twentieth century by moving people from the coastal areas. Irish has survived best there in the community of Ráth Cairn, where all the original settlers came from villages in County Galway, so the Irish spoken there is for all practical purposes the same as that of Connemara. Finally, there is an Official Standard, known in Irish as the Caighdeán (the terms will be used interchangeably here), designed to standardize written Irish for use in publication and in schools.

It should be noted that, unlike Standard English, the Official Standard does not represent a colloquial dialect actually spoken by native speakers. Rather, it combines elements of the three major regional varieties for official use. It is worth knowing and recognizing the standard forms, which are encountered frequently in publications, but they should not be taken as in any way superior to or more correct than the colloquial usage found in the gaeltacht regions. Current practice in Irish teaching and in the media seems to be favouring greater acceptance of colloquial variation. Those interested in speaking the language are therefore advised to pick one regional variety and to aim for competence in that, while learning to recognize alternative forms as well. For consistency in the early learning stages, these books will present standard forms for the most part, following the practice of most published learning materials. However, certain non-standard forms with widespread currency will occasionally be provided as alternatives. The last few units of this volume address in more detail some of the most salient aspects of Irish dialect variation. Ultimately, however, there is no substitute for reading and listening to a variety of speakers to pick up the preferences typical of a given region. The value of the Internet as a resource for this purpose cannot be overestimated.

Many people have helped in the completion of these books. I would like to thank Sophie Oliver and Ursula Mallows of Routledge/Taylor & Francis for their editorial advice and support throughout the process. The map in Unit 9 is used with permission of the Center for Advanced Research in Language Acquisition (CARLA) at the University of Minnesota, for which I thank CARLA's Less Commonly Taught Languages Project. I am grateful to the Dublin Institute for Advanced Studies (School of Celtic Studies) for financial support toward the writing of the book, and to Liam Breatnach,

Jim Flanagan, Malachy McKenna, and Dáithí Sproule for assistance with details of dialect variation. Numerous Irish learners and teachers have read drafts of the material and offered suggestions, which have greatly improved the final product. Thanks for their feedback to Don Crawford, Will Kenny, Wesley Koster, Ann Mulkern, Nicholas Wolf, and, especially, to Dáithí Sproule for his eagle eye and professional knowledge of the Caighdeán. Finally, I am grateful to all my students over the years, whose struggles and successes in learning Irish and questions about grammar and usage were the inspiration for this work.

UNIT ONE
Relative clauses I

Relative clauses modify nouns; like adjectives, they tell us more about the nouns they describe. Each of the following relative clauses describes the noun 'teacher'; each indicates a (potentially) different individual teacher:

the teacher who won an award
the teacher that lives in Hawaii
the teacher whom I met at the conference
the teacher I learned German from

In each sentence, the noun 'teacher', called the head noun or antecedent, has a role in the modifying clause, and, in addition, the whole phrase, complete with relative clause, has a role in some larger sentence:

The students like the teacher who won the award. (Object of 'like'; subject of 'won'.)
The teacher that lives in Hawaii has left. (Subject of 'lives' and of 'left')
I see the teacher whom I met. (Object of 'see' and 'met')
The teacher I learned German from is here. (Subject of 'is'; object of 'from')

Irish relative clauses are formed in two different ways, depending on the role of the head noun in the relative clause. This unit will introduce relative clauses in which the head is a subject or object; other roles will be covered in Unit 4.

Direct relative clauses

Clauses where the head noun is the subject or direct object of the modifying verb are known in Irish grammar as direct relative clauses. The noun the clause modifies comes first, followed by the particle **a** and lenition on the verb. The position the noun would fill in the clause itself is simply left empty. English relative clauses can be introduced by various words ('who', 'whom', 'which', 'that') or nothing at all, but in Irish it is always **a**.

an múinteoir a fheicim	the teacher whom I see
(cf. **feicim an múinteoir**)	
an múinteoir a fheiceann mé	the teacher who sees me
(cf. **feiceann an múinteoir mé**)	

Since verbs in the past tense are already lenited, their form does not change in relative clauses.

an múinteoir a mhol na daltaí	the teacher that the pupils praised
(cf. **mhol na daltaí an múinteoir**)	
an múinteoir a mhol na daltaí	the teacher who praised the pupils
(cf. **mhol an múinteoir na daltaí**)	

Notice that when there is no subject suffix, or distinct subject and object pronoun forms, the Irish phrase may be ambiguous. It is usually possible to tell from context which meaning is intended.

Tá is not lenited after **a**, but is joined to it as one word:

an duine atá tinn	the person who is sick

The *d'* that precedes a vowel and *fh* in the past tense are retained in relative clauses. Irregular pasts, like **fuair**, which are not lenited, remain unlenited in such cases.

an bia a d'ith tú	the food that you ate
an duine a fuair an duais	the person who got the prize
an duais a fuair sé	the prize that he got

Negative relative clauses

When the verb of the relative clause is negated, **nach** + eclipsis (*n* prefixed to a vowel) is used instead of **a**. In the past tense, **nár** + lenition is used for regular verbs and **nach** + eclipsis for irregular verbs that use **ní** in past-tense main clauses (*Basic Irish*, Units 12–14).

an múinteoir nach bhfeicim	the teacher I don't see
an fear nach n-aontaíonn liom	the man who doesn't agree with me
an múinteoir nach bhfaca sé	the teacher he didn't see
an múinteoir nach bhfaca é	the teacher who didn't see him
an múinteoir nár mhol na daltaí	the teacher who didn't praise the pupils/whom the pupils didn't praise

The relative verb form

In Connacht and Ulster, special relative endings may replace present- or future-tense endings in relative clauses. Present tense -*(e)ann* may become -*(e)as* (or -*(e)anns* in Connacht), and future -*f(a)idh* may become -*f(e)as*. The relative form does not replace an ending that includes the subject (e.g., **a fheicim**).

an múinteoir a mholanns/mholas iad	the teacher who praises them
an múinteoir a fheicfeas tú	the teacher whom you will see

These endings are not used in negative clauses nor in the past tense. The relative form of **beidh** is **a bheas**. Use of relative endings is completely optional. If an -*s* is heard on the end of a verb, however, it's safe to assume that a relative clause is involved.

Relative forms of the copula

When the copula appears in relative clauses, it does not change form; **is/ba/nach/nár(bh)** are still used, but **ba** changes to **ab** before a vowel (or *fh*).

an duine is maith liom	the person that I like
an bia ba mhaith liom	the food that I'd like
an rud ab fhearr liom	the thing I'd prefer
rud nach fíor	something that's not true

Copulas in relative clauses are most common with adjective predicates like those above, or in comparative sentences (see Unit 10). They tend to be avoided in sentences used to classify or identify individuals, one of the alternative structures with **bí** being more common:

mo dheirfiúr atá ina banaltra
my sister who is a nurse

an t-ollamh atá ar dhuine de scoláirí tábhachtacha na Gaeilge
the professor who is one of the important scholars of Irish

an bhean atá mar chara liom
the woman who is my friend

Relative clauses in sentences

Descriptive clauses like these can appear in any position of a sentence where simple nouns are found:

Subject:
Tá an fear a fheicim an-ard.
The man that I see is very tall.

Object:
Ar léigh tú an leabhar a bhuaigh an duais?
Did you read the book that won the prize?

Indirect object (recipient):
Tabharfaidh mé cóip do dhuine ar bith a iarrann é.
I'll give a copy to anyone who asks for it.

Other:
Tá cónaí orm sa teach a thóg m'athair.
I live in the house my father built.

However, because nouns modified by relative clauses can be quite long, it is often stylistically preferable in such cases to place them at the end of a sentence after shorter phrases that would normally follow a simple noun.

Tabharfaidh mé an t-alt sin duit.
I'll give you that article.

But

Tabharfaidh mé duit an t-alt a scríobh mé faoin gceist sin.
I'll give you the article I wrote on that matter.

Ghearr sé leis an scian é.
He cut it with the knife.

But

Ghearr sé é leis an scian a fuair sé mar bronntanas óna dheartháir.
He cut it with the knife that he received as a present from his brother.

Cheannaigh siad teach i gConamara anuraidh.
They bought a house in Connemara last year.

But

Cheannaigh siad teach anuraidh san áit a rachaidh muid ar saoire.
They bought a house last year in the place where we're going on
vacation.

If a long relative clause modifies a subject, however, it is often placed (with
the noun it modifies) at the beginning of the sentence, with a pronoun
referring to it in the normal subject position:

An bhean atá ina cónaí béal dorais, tá sí ag obair sa Státseirbhís anois.
The woman who lives next door is working for the Civil Service now.

Finally, both subjects and objects modified by relative clauses may be left
in place, but the clause itself placed at the end, as in English. This is
acceptable only when there is no possibility of misinterpreting which noun
the clause modifies and usually involves indefinite nouns (no article):

Tá *fear* ag an doras *atá ag iarraidh caint leat*.
There's *a man* at the door *who wants to talk to you*.

Chonaic sé *seanchara* an tseachtain seo caite *nach bhfaca sé le blianta*.
He saw *an old friend* last week *whom he hadn't seen in years*.

Multiple clauses

When a relative clause itself contains a subordinate clause introduced by
go plus eclipsis or dependent form, this clause also changes to the relative-
clause form. Thus, the first sentence below stands alone but changes as
shown when part of a relative clause:

Cheap mé go bhfaca mé duine ansin.
I thought I saw someone there.

Is é Colm an duine a cheap mé a chonaic mé.
Colm is the person I thought I saw.

When the head of a relative clause comes from a verbal noun used progres-
sively, **ag** changes to **a** and lenition applies to the verbal noun.

Tá sé ag déanamh rud éigin ansin.	He's doing something there.
an rud atá sé a dhéanamh ansin	the thing that he's doing there

Exercises

1 Make relative clauses of each sentence, e.g., Tá <u>fear</u> anseo → Feicim an
  fear atá anseo.

 1 Cheannaigh sé carr inné. Feicim an carr _____ .
 2 Bhí comharsa ag an doras. Feicim an chomharsa _____ .
 3 Buaileann an fhoireann sin i gcónaí muid. Sin í an fhoireann

   _____ .

 4 D'ith duine de na páistí an iomarca milseán. Tá an páiste _____
   tinn anois.
 5 Fuair mé airgead inné. Chaill mé an t-airgead _____ .
 6 Seinneann siad ceol. Is maith liom an ceol _____ .
 7 Rinne cailín óg an pictiúr sin. Is í m'iníon an cailín óg _____ .
 8 Ní thuigeann Eibhlín an cheist. Tuigimse an cheist _____ .
 9 Fanfaidh cuairteoirí anseo. Feicim na cuairteoirí _____ .
 10 Feicim bean óg. Tá an bhean óg _____ go hálainn.

2 Choose one of the individuals mentioned in the opening sentence(s) of
  each example, and identify that individual with a relative clause filling
  the blank. E.g.:

  Bhí cuid de na gasúir dána inné, ach tá na gasúir eile socair.
  Tá an máistir crosta leis na <u>gasúir a bhí dána</u>, ach tá sé sásta
  leis na <u>gasúir atá socair</u>.

 1 Déanann duine acu obair chrua, ach tá a dheartháir an-leisciúil.
   Tá an fear _____ saibhir, ach níl pingin ag an _____ .
 2 Tháinig beirt go luath chuig an chruinniú, ach bhí gach duine eile
   mall.
   Is mise agus Páidín an _____ .
 3 Chuir Feargal ceist amháin, agus chuir mise ceist eile.
   An dtuigeann tú an cheist _____ ?
 4 Fuair an bhean seo carr nua, ach ní bhfuair an bhean eile carr ar
   bith.
   Tá an bhean _____ sásta, ach níl an bhean _____ sásta, mar
   níl a seancharr rómhaith.
 5 D'fhág Máirín an bainne ar an mbord, ach chuir mise bainne eile
   sa chuisneoir.
   Sílim go bhfuil an bainne _____ géar anois. Ól an bainne eile,
   an bainne _____ .
 6 Ní aithním an chuid is mó de na daoine seo, ach sílim go bhfaca
   mé an bhean úd aréir.
   Cén t-ainm atá ar an mbean _____ aréir?

7 Phós Caoilfhionn fear amháin acu siúd, agus pósfaidh Deirdre an fear eile.

Tá go leor airgid ag _____.

8 Fanann daltaí áirithe ag an scoil an lá iomlán. Téann daltaí eile abhaile am lóin. Cén fáth?

Tá na daltaí _____ ró-óg le fanacht an lá uilig.

9 D'inis Donncha scéal agus d'inis Páidín scéal eile; ní chreidim ach ceann amháin acu.

'Sé scéal Dhonncha _____.

10 Léifidh Caitríona leabhar amháin agus léifidh Áine an leabhar eile.

Tá _____ an-fhada.

11 Déireann sagart amháin an t-aifreann i dTrá Lí, agus deireann sagart eile an t-aifreann anseo.

Níl Gaeilge ar bith ag _____ ach tá Gaeilge bhreá ag _____.

12 Bhí muca ag Peadar agus ag Séamas.

Ach anois tá na _____ marbh.

3 Combine any sentences which share the same noun to form a relative clause that identifies the noun more precisely. E.g., Tá an bád a fheicim dearg *or* Feicim an bád atá dearg.

Feicim an cailín.
Feicim an ceoltóir.
Tá an bád dearg.
Tá an ceoltóir óg.
Léann an cailín leabhair.
Is maith liom an cailín.
Tá Gaeilge ag an gcailín.
Téann an bád go sciobtha.
Tá na leabhair daor.
Ní chloisim an ceoltóir.
Bhí an ceoltóir anseo aréir.
Feicim páistí.
Níor léigh mé na leabhair.
Ceannaíonn an ceoltóir leabhair.
An bhfeiceann tú na leabhair?
Tá an ceol go maith.
Tá an doras gorm.
Ní aithním an cailín.
Beidh an cailín ag an scoil.
Tá na páistí mór.

Feicim an bád.
Bhí an ceoltóir ag seinm veidhlín.
Feiceann an cailín an doras.
Bhí an veidhlín daor.
D'imigh an bád go Sasana.
Is maith liom na leabhair.
Ní fheicim an bád.
Is maith liom an veidhlín.
Tá an ceoltóir go deas.
Seinneann an ceoltóir go maith.
Is leatsa na páistí.
Tá na páistí dána.
Is liomsa an veidhlín.
Éistim leis an gceol.
Cheannaigh an cailín nuachtán.
Léim an nuachtán.
Seinneann an fidléir ceol.
Léann an cailín nuachtán.
Ní fheicim an nuachtán.
Éisteann an cailín leis an gceol.

4 Improve the style of the following sentences by moving the relative clause to a less awkward position.

    1 Cuir an nuachtán nár léigh tú fós ansin.
    2 Ceannóidh muid an carr a chonaic muid inné amárach.
    3 Ní chreidim an scéal a d'inis sé dúinn ar chor ar bith.
    4 Cuirfidh mé glaoch ar an bhfear a chonaic mé i nGaillimh amárach.
    5 Chuaigh an bhean a bhí ag casadh na n-amhrán abhaile.
    5 Rinne mé an teachtaireacht a d'iarr tú orm aréir ar maidin.
    6 Feicim na páipéir a bhí tú a lorg inné ansin faoin gcathaoir.
    7 Tháinig mac léinn nach raibh toradh maith aige ar an scrúdú ag caint liom.
    8 Tá an dochtúir a chonaic mé agus a mhol an obráid dom ar saoire anois.
    9 Thug sí leabhar a cheannaigh sí i Sasana dom.

5 Add the relative clause ending -s where acceptable to the following sentences (it will not always be acceptable).

    1 Cé hí an bhean a bhí ag caint leat?
    2 An teach a fheicfidh tú amárach, taitneoidh sé leat.
    3 Tá na héadaí a chaitheann tú an-daor.
    4 Is cairde liom na ceoltóirí a bheidh ag seinm anocht.
    5 Ní maith liom an carr a cheannaigh sí.
    6 Ní maith liom an carr a cheannóidh sí.
    7 Tá an obair a dhéanann muid réasúnta crua.
    8 An raibh tú ariamh ar an mbád a imíonn anonn go dtí an Fhrainc?
    9 Feoil: sin rud nach n-itheann siad riamh.
    10 An maith leat an ceol a chloiseann tú anois?
    11 Ní thuigeann siad an teanga a labhraím.
    12 Is fearr liom an bia a gheobhaidh muid san áit seo.

6 Translate.

    1 I like the picture that I see there.
    2 Will you do the work that Seosamh didn't do?
    3 The people who left yesterday are from Scotland.
    4 She doesn't like the food that Bríd makes.
    5 Cáit makes the food that I prefer.
    6 The priest who speaks French will be here next week.
    7 Máire married the man who got first prize.
    8 Peige is the person who will finish the work.
    9 I don't understand the questions that the teacher asks.
    10 I bought a book that will be very interesting.

Answers to exercises

1 1 Feicim an carr a cheannaigh sé. 2 Feicim an chomharsa a bhí ag an doras. 3 Sin í a fhoireann a bhuaileann(s) i gcónaí muid. 4 Tá an páiste a d'ith an iomarca milseán tinn anois. 5 Chaill mé an t-airgead a fuair mé. 6 Is maith liom an ceol a sheinneann(s) siad. 7 Is í m'iníon an cailín óg a rinne an pictiúr sin. 8 Tuigimse an cheist nach dtuigeann Eibhlín. 9 Feicim na cuairteoirí a fhanfaidh/fhanfas anseo. 10 Tá an bhean óg a fheicim go hálainn.

2 1 Tá an fear a dhéanann obair chrua saibhir, ach níl pingin ag an deartháir atá leisciúil. 2 Is mise agus Páidín an bheirt a tháinig go luath. 3 An dtuigeann tú an cheist a chuir Feargal (*or* a chuir mise)? 4 Tá an bhean a fuair carr nua sásta, ach níl an bhean nach bhfuair carr ar bith sásta, mar níl a seancharr rómhaith. 5 Sílim go bhfuil an bainne a d'fhág Máirín ar an mbord géar anois. Ól an bainne eile, an bainne a chuir mise sa chuisneoir. 6 Cén t-ainm atá ar an mbean a shílim a chonaic mé aréir? 7 Tá go leor airgid ag an bhfear a phósfaidh (phósfas) Deirdre (*or* an bhfear a phós Caoilfhionn). 8 Tá na daltaí a théann(s) abhaile am lóin ró-óg le fanacht an lá uilig. 9 'Sé scéal Dhonncha an scéal a chreidim (*or* an scéal nach gcreidim). 10 Tá an leabhar a léifidh (léifeas) Caitríona (*or* Áine) an-fhada. 11 Níl Gaeilge ar bith ag an sagart a deireann(s) an aifreann i dTrá Lí ach tá Gaeilge bhreá ag an sagart a deireann(s) an aifreann anseo (*or* vice-versa). 12 Ach anois tá na muca a bhí ag Séamas (*or* Peadar) marbh.

3 The following are sample answers; many other combinations are possible. Tá na leabhair a léann an cailín daor. Léann an cailín nuachtán nach bhfeicim. Tá an ceoltóir a bhí anseo aréir óg. Bhí an ceoltóir atá óg anseo aréir. Is liomsa an veidhlín a bhí an ceoltóir a sheinm. Feicim páistí atá dána. Ní aithním an cailín a léann leabhair. Léim an nuachtán a cheannaigh an cailín. Tá an bád a d'imigh go Sasana dearg. Cheannaigh an cailín is maith liom nuachtán.

4 1 Cuir ansin an nuachtán nár léigh tú fós. 2 Ceannóidh muid amárach an carr a chonaic muid inné. 3 Ní chreidim ar chor ar bith an scéal a d'inis sé dúinn. 4 Cuirfidh mé glaoch amárach ar an bhfear a chonaic mé i nGaillimh. 5 An bhean a bhí ag casadh na n-amhrán, chuaigh sí abhaile. 5 Rinne mé ar maidin an teachtaireacht a d'iarr tú orm aréir. 6 Feicim ansin faoin gcathaoir na páipéir a bhí tú a lorg inné. 7 Tháinig mac léinn ag caint liom nach raibh toradh maith aige ar an scrúdú. 8 An dochtúr a chonaic mé agus a mhol an obráid dom, tá sé ar saoire anois. 9 Thug sí leabhar dom a cheannaigh sí i Sasana.

5 1 No -*s* (past tense). 2 An teach a fheicfeas tú amárach, taitneoidh sé leat. 3 Tá na héadaí a chaitheanns (or chaitheas) tú an-daor. 4 Is cairde liom na ceoltóirí a bheas ag seinm anocht. 5 No -*s* (past tense). 6 Ní maith liom an carr a cheannós sí. 7 Tá an obair a dhéananns (or dhéanas) muid réasúnta crua. 8 An raibh tú ariamh ar an mbád a imíonns (or imíos) anonn go dtí an Fhrainc? 9 No -*s* (negative). 10 An maith leat an ceol a chloiseanns (or chloiseas) tú anois? 11 No -*s* (pronominal ending). 12 Is fearr liom an bia a gheobhas muid san áit seo.

6 1 Is maith liom an pictiúr a fheicim ansin. 2 An ndéanfaidh tú an obair nach ndearna Seosamh? 3 Is as Albain na daoine a d'imigh inné. 4 Ní maith léi an bia a dhéanann(s) Bríd. (*Or* Ní thaitníonn an bia a dhéanann(s) Bríd léi.) 5 Déanann Cáit an bia is fearr liom. 6 Beidh an sagart a labhraíonn(s) Fraincis anseo an tseachtain seo chugainn. 7 Phós Máire an fear a fuair an chéad duais. 8 Is í Peige an duine a chríochnóidh (*or* chríochnós) an obair. 9 Ní thuigim na ceisteanna a chuireann(s) an múinteoir. 10 Cheannaigh mé leabhair a bheidh (*or* bheas) an-suimiúil.

UNIT TWO
Information questions

In addition to questions that expect an answer 'yes' or 'no' (*Basic Irish*, Unit 11), questions can also ask for missing information, using words equivalent to 'who' 'what', etc. In Irish, these question words are placed first in the sentence, followed by the particle **a** and lenition on the verb, producing a sentence very like the relative clauses introduced in Unit 1. This unit will cover questions about subjects, objects, and others formed similarly.

Questioning subjects and objects

The question words for individual people or things are **cé** 'who' and **cad/céard/goidé** 'what'. The choice of forms for 'what' is regional: **cad** is used in Munster, **céard** in Connacht, and **goidé** (from **cad é**) in Ulster. They can be used to ask for the identity of either a subject or an object:

Cé atá ansin?	Who is there?
Cé a chonaic tú?	Who(m) did you see?
Cad a tharla?	What happened?
Goidé a chuala tú?	What did you hear?
Céard a rinne siad?	What did they do?

Because these questions are formed like relative clauses, the special -*s* suffix may also be found on present- and future-tense questions in Ulster and Connacht:

Goidé a bheas ar siúl ar an Déardaoin?
What will be happening on Thursday?

Céard a dhéananns tú i Londain?
What do you do in London?

Negative questions

If the verb in the question is negative (which is quite rare), **nach** (**nár** in the past of regular verbs) is used:

Cé nach raibh anseo?	Who was not here?
Cad nár cheannaigh sé?	What did he not buy?

Questioned copula

Identities are questioned as follows:

Cé hiad sin?	Who are they?
Céard é sin?	What's that?

One can understand the presence of a copula in these questions, but it is never expressed in Irish. Other examples:

Cén aois tú?	How old are you?
Cén t-am é?	What time is it?
Cé leis an cóta sin?	Whose is that coat?/Whose coat is that?

Questions based on copula + adjective simply place the question word before the copula, since its relative form is the same as the statement form:

Céard ba mhaith leat?	What would you like?
Cé is maith leat?	Who do you like?

Choices

When asking the listener to make a choice between two or more individuals, 'which' is used in English. This can either stand alone or be used with a noun. In Irish, these differ in form. **Cé acu** 'which of them' (pronounced and sometimes written as **ciaca**) is used alone as a pronoun; if a noun is specified **cé** combines with the article as **cén** or **cé na** before the noun, with the usual mutations:

Ciaca/Cé acu is fearr leat?	Which one do you prefer?
Cén bia is fearr leat?	Which food do you prefer?
Cé na daoine a bheidh anseo?	Which people will be here?
Cén bhean a bhí ag caint leat?	Which woman was talking to you?

Other questions

Several other questions are formed in the same way. These include especially questions related to time: **cén uair** or **cathain** 'when', **cén fhad** 'how long', and **cé chomh minic** 'how often'.

Cathain a bhí sé anseo cheana?	When was he here before?
Cén uair a thiocfaidh tú ar ais?	When will you come back?
Cén fhad a fhanfas siad?	How long will they stay?
Cé chomh minic a fheiceann tú í?	How often do you see her?

Conas and **goidé mar** 'how' are also followed by this verb form, although other words for 'how' use a different structure (see Unit 4).

Conas atá an obair ag dul ar aghaidh?	How's the work going?
Goidé mar a bhí an oíche?	How was the night?

Exercises

1 You didn't catch part of what someone said to you. Ask questions to get the missing information.

1 Chuaigh ____ go Dún na nGall.
2 Chonaic muid ____ inné.
3 Feicfidh mé í Dé ____.
4 Ní raibh ____ i láthair ag an gcruinniu.
5 Cheannóidh mé ____ amárach.
6 Tiocfaidh mo ____ ar saoire.
7 D'fhan siad ____ . . . bhí sé ró-fhada.
8 Ní raibh muid anseo anuraidh ach bhí muid ann ____.
9 Fuair ____ carr nua.
10 Déanfaidh muid ____ amárach.
11 D'inis ____ scéal iontach.
12 Ní itheann sí ____.
13 Bhí Siobhán tinn anuraidh; tá sí ____ anois.
14 Léigh sé an leabhar ____.
15 Tharla ____ inné.

2 Make a question using **cén/cé na** asking about the underlined noun. E.g., Tá <u>an bhean sin</u> anseo. → Cén bhean atá anseo?

1 D'imigh <u>na haisteoirí</u> ar maidin.
2 Íosfaidh mé <u>an t-iasc</u>.

3 Is maith liom <u>an dath seo</u>.
4 Tiocfaidh siad <u>an lá céanna</u>.
5 Bhí muid anseo <u>an uair sin</u>.
6 Thug m'uncail <u>an bronntanas</u> dom.
7 Léann Cathal <u>nuachtáin go leor</u>.
8 Feicfidh muid <u>scannán</u>.
9 Bhris a hiníon <u>an bhábóg</u>.
10 Nigh <u>na soithí</u>!

3 What questions do the following answer?

1 Rinne mise é.
2 Ólfaidh mé gloine fíona.
3 Tosóidh an fhéile maidin amárach.
4 Is fearr liom an ceann sin.
5 Léigh mé *Rotha Mór an tSaoil*.
6 Fanfaidh siad seachtain.
7 Tá mé go maith, agus tusa?
8 Canfaidh an cailín rua an chéad amhrán eile.
9 Is é mo dhearthár é.
10 Thaitníonn Mícheál liom.
11 Tá sé leathuair tar éis a dó.
12 Bhí Bríd mall.

4 Change the questions above to a form in -s, where appropriate.

5 Translate.

1 What will you drink?
2 When will you come back?
3 Who said that?
4 Which newspaper would you prefer?
5 Who lives in that house?
6 Which film did you [*plural*] see?
7 Whose food is this?
8 What does she do in the summer?
9 How did you do it?
10 Who did you see at the theatre?

Answers to exercises

1 1 Cé a chuaigh go Dún na nGall? 2 Céard (or Cé) a chonaic sibh inné?
   3 Cén uair/cathain/cén lá a fheicfidh tú í? 4 Cé nach raibh i láthair ag

an gcruinniú? 5 Cad/goidé/céard a cheannóidh tú amárach? 6 Cé a thiocfaidh ar saoire? 7 Cén fhad a d'fhan siad? 8 Cén uair/cathain a bhí sibh ann? 9 Cé a fuair carr nua? 10 Céard/Cad/Goidé a dhéanfaidh sibh amárach? 11 Cé a d'inis scéal iontach? 12 Cad/céard/goidé nach n-itheann sí? 13 Conas/goidé mar atá Siobhán anois? 14 Cén leabhar a léigh sé? 15 Goidé/cad/céard a tharla inné?

2   1 Cé na haisteoirí a d'imigh ar maidin? 2 Cén t-iasc a íosfaidh tú? 3 Cén dath is maith leat? 4 Cén lá a thiocfaidh siad? 5 Cén uair a bhí sibh anseo? 6 Cén bronntanas a thug d'uncail duit? 7 Cé na nuachtáin a léann Cathal? 8 Cén scannán a fheicfidh muid? 9 Cén bhábóg a bhris a hiníon? 10 Cé na soithí a nífidh mé?

3   1 Cé a rinne é? 2 Céard/goidé/cad a ólfaidh tú? 3 Cén uair/cén lá a thosóidh an fhéile? 4 Cé acu is fearr leat? (*Or* Cén ceann is fearr leat?) 5 Cad/céard/goidé a léigh tú? (*Or* Cén leabhar a léigh tú?) 6 Cén fhad a fhanfaidh síad? 7 Goidé mar/conas atá tú? 8 Cén cailín (*Or* Cé) a chanfaidh an chéad amhrán eile? 9 Cé hé (sin)? 10 Cé a thaitníonn leat? 11 Cén t-am é? 12 Cé a bhí mall?

4   1 No -*s* appropriate. 2 Céard/goidé/cad a ólfas tú? 3 Cén uair/cén lá a thosós an fhéile? 4 No -*s*. 5 No -*s*. 6 Cén fhad a fhanfas siad? 7 No -*s*. 8 Cén cailín a chanfas an chéad amhrán eile? 9 No -*s*. 10 Cé a thaitníonns leat? 11 No -*s*. 12 No -*s*.

5   1 Céard/goidé/cad a ólfaidh/ólfas tú? 2 Cén uair/cathain a thiocfaidh/ thiocfas tú ar ais? 3 Cé a dúirt é sin? 4 Cén nuachtán ab fhearr leat? 5 Cé atá ina chónaí sa teach sin? 6 Cén scannán a chonaic sibh? 7 Cé leis an bia seo? 8 Cad/céard/goidé a dhéanann(s) sí sa samhradh? 9 Conas/goidé mar a rinne tú é? 10 Cé a chonaic tú ag an amharclann?

UNIT THREE
Focus structures

Sentences using a copula and relative clauses are common in Irish to highlight one individual over others who might possibly have been involved in an event. These sentences also single out one element of the clause as the principal information that the speaker intends to convey. For example, based on the neutral sentence

Cheannaigh mé carr i nDoire inné.
I bought a car in Derry yesterday.

the following sentences could be used to draw attention to different pieces of information:

Is *mise* a cheannaigh carr i nDoire inné.
I'm the one who bought a car in Derry yesterday.

Is *carr* a cheannaigh mé i nDoire inné.
It's a car that I bought in Derry yesterday.

Is *i nDoire* a cheannaigh mé carr inné.
It's in Derry that I bought a car yesterday.

Is *inné* a cheannaigh mé carr i nDoire.
It's yesterday that I bought a car in Derry.

Alternatively, an English speaker would most likely simply use stress to signal the emphasis: '*I* bought a car in Derry yesterday', 'I bought a *car* in Derry yesterday', etc. But this is not done in Irish; the structures shown are, therefore, much more frequent in Irish than in English.

An implication of this sort of usage is that the sentence is true of the word emphasized in this way to the exclusion of other possibilities. That is, in these examples, *I* bought the car, not somebody else; I bought *a car* not a stove; I bought it in *Derry*, not Dublin, Galway or New York; I bought it *yesterday* and not the day before or last week or today.

When a noun being foregrounded is definite (a name, or occurring with **an** or a possessor), an agreeing pronoun separates it from the copula, as in other equational sentences (*Basic Irish*, Unit 17):

Is é an gúna gorm a chaithfidh mé.	I'll wear the *blue dress*.
Is iad do pháistíse a bhí mall.	It's *your children* who were late.

Often **is** (and any matching pronoun) is omitted so that the highlighted phrase is first in the sentence:

An gúna gorm a chaithfidh mé.	I'll wear *the blue dress*.
Amárach a bheidh muid ag imeacht.	We'll be leaving *tomorrow*.
Mise a cheannaigh an carr.	*I* bought the car.

When a pronoun is emphasized this way, the strengthened contrastive forms are generally used, as in the last example. A subtle difference between the contrastive forms in initial position and normal position is that the latter entails no implication that the sentence might not be true of others:

Cheannaigh mise carr.	*I* bought a car (whatever anyone else did).

Verb emphasis

Verbs with tense and person endings are the only elements of a sentence that cannot appear in initial position to be highlighted. However, verbal nouns in progressive structures can; although the English translation may sound odd, the Irish is perfectly acceptable.

(Is) ag caint le mo mhuintir a bhí mé.	It's talking to my family I was.
(Is) ag réiteach an dinnéir atá sí.	It's making dinner she is.

An inverted verbal noun structure can also be fronted for emphasis; the tense and any other information missing from the verbal noun is contained in the relative clause, in the verb **déan** 'do'. The initial copula is usually not expressed. This structure is used only with verbs that express actions (not, for example, 'be').

An fhuinneog a bhriseadh a rinne sé.	He *broke the window*.
Titim a dhéanfaidh tú!	You'll *fall*!

A verb may also be emphasized using a relative clause after **is amhlaidh** (literally, 'it is thus'). These structures are particularly common in Munster.

Is amhlaidh a bhris sé an fhuinneog.	The fact is, he broke the window.
Is amhlaidh a thitfidh tú!	You're really going to fall!

Another similar structure will be introduced in Unit 4.

Focus-last order

An alternative structure reverses the order of elements completely, putting the focus of attention at the end of the sentence, preceded by the background information in a relative clause introduced by **'séard**. The two parts may be separated by **ná** 'namely', but it need not always be (there is usually at least a pause). If the foregrounded information refers to a person, **'sé** is used rather than **'séard**.

'Séard a dúirt sé (ná) go raibh sé sásta.
What he said was that he was satisfied.

'Séard a déarfaidh sé leo ná 'I'm very disappointed in you'.
What he'll say to them is 'I'm very disappointed in you'.

'Séard a chonaic tú ná deilf.
What you saw was a dolphin.

'Sé a rinne é ná Éamonn.
The one who did it was Éamonn.

Verbs are highlighted using a verbal noun structure in final position:

'Séard a rinne siad ná an fhuinneog a bhriseadh.
What they did was break the window.

'Séard a dhéanfaidh mé ná an seomra a ghlanadh.
What I'll do is clean the room.

Answering questions

Questions formed with focus structures based on the copula are answered with appropriate copula forms. Answers to questions that have a pronoun next to **is** contain the appropriate pronoun in the answer. Otherwise, **ea** is used in the answer. **Amhlaidh** is repeated.

An amhlaidh a thiocfaidh sibh?	Will you really come?
Is amhlaidh.	Yes.

An é Seán atá ag obair?	Is it Seán who's working?
Is é.	Yes.

An ag obair atá tú?	Are you *working*?
'Sea.	Yes.

An tusa a cheannóidh an bia?	Is it you who'll buy the food?
Is mé.	Yes.

Inniu a tháinig siad?	Did they come *today*?
Ní hea, inné.	No, yesterday.

Copula sentences

Attention can be drawn to indefinite predicates of the copula by placing the predicate first and replacing it after **is** with the pronoun **ea**. Definite predicates are replaced by pronouns matching in gender and number.

Iriseoir is ea é.	He's a *journalist.*
Mo dheartháir is é Tomás.	Tomás is *my brother.*

Focused elements introduced earlier can get further emphasis through this mechanism:

Inné is ea a cheannaigh mé carr.	Yesterday is when I bought a car.
Carr is ea a cheannaigh mé.	It's *a car* that I bought.

Such structures are relatively rare compared to those with relative forms of non-copula verbs.

Exercises

1 Foreground the underlined element in each sentence in a focus structure.
  E.g., D'imigh <u>mé</u> go luath. → Mise a d'imigh go luath.

  1 D'ith <u>Caitríona</u> an t-iasc.
  2 D'ith Caitríona <u>an t-iasc</u>.
  3 Tiocfaidh siad <u>amárach</u>.
  4 B'fhearr liom <u>fíon</u>.
  5 Bhí siad imithe <u>go Gaillimh</u>.
  6 Níl Brian tinn; tá sé <u>caochta</u>.
  7 Tá mé <u>ag magadh</u>.

  8 Tháinig sibh <u>ar an mbus,</u> an ea?
  9 Cheannaigh Nóra <u>carr uaine.</u>
10 Bhí sí <u>ag obair</u> nuair a chonaic mé í.
11 Tiomáineann sí <u>rómhall.</u>
12 Réiteoidh <u>m'fhear céile</u> an dinnéar anocht.

2 Convert the following sentences from focus-first to focus-last structures.
  E.g., Is caoireoil a bheas againn anocht. → 'Séard a bheas againn anocht
  ná caoireoil.

   1 Is í Bairbre a bhuaigh an duais.
   2 Is bróga nua a cheannaigh mé.
   3 'Éist liom', a dúirt sé.
   4 Botún mór a rinne tú.
   5 Damhsa ar an sean-nós a dhéanann sé.
   6 Litir ó Mhaimeo a tháinig inné.
   7 Ocht bpionta a d'ól sé!
   8 Mo chol ceathar a bhí ansin.
   9 BMW mór dubh atá aici.
  10 Cúntóir a theastaíonns uaim.

3 Answer the following questions with a structure parallel to the question.

   1 Cé a bhí ag an doras?
   2 Cén t-am a chuaigh tú a chodladh?
   3 Céard a bhí agat le haghaidh bricfeasta ar maidin?
   4 Cén cineál feola is fearr leat?
   5 Cé a chuaigh go dtí an Fhrainc ar saoire?
   6 Cad a íosfaidh tú?
   7 Cén fhad a d'fhan siad in Albain?
   8 Cá ndeachaigh tú?
   9 Cé a ghlan an seomra?
  10 Cé a chonaic tú ag an siopa?

4 Answer the following questions with yes or no.

   1 Inniu a tháinig sibh?
   2 An é Eoghan an fear a phósfaidh sí?
   3 An í an Spáinnis a labhraíonn sé?
   4 An amhlaidh a bhí siad in am?
   5 Trí euro atá air?
   6 Scannán maith a bhí ann?
   7 An tusa a ghlaoigh orm?
   8 Amárach a bheas an cheolchoirm?

9   Anseo a chuirfidh mé é?
10   Bríd a dúirt é sin?

5   Emphasize the main verb of the following sentences in three ways.

1   Dhóigh sé an dinnéar.
2   Bhris sí a chroí.
3   Ceannaíonn sé agus díolann sé tithe.
4   D'imir Pól níos fearr ná riamh.
5   Buailfidh muid an fhoireann atá sa chéad áit.
6   Chaith tú amach mo bhronntanas!
7   D'éirigh sí as toitíní.
8   Casfaidh siad ceol tigh Dhonncha oíche amárach.
9   Ar leag sibh an seanteach?
10   Scríobhann sí úrscéalta.

6   Translate. Elements to be highlighted are indicated by italics, or by the sentence structure of the English examples.

1   What I want now is ice cream.
2   You'll *break your neck*!
3   My brother is *a professor*.
4   I met Mattias *in Spain*.
5   It's tomorrow that you're leaving, isn't it?
6   *Bríd* has the money.
7   It wasn't me that ate the last piece of cake.
8   It's *a beautiful day*.
9   We'll leave *at eight o'clock*.
10   I saw *Eibhlín* at the library, not Sorcha.

Answers to exercises

1   (*Is* will be omitted after the first few examples.) 1 (Is í) Caitríona a d'ith an t-iasc. 2 (Is é) an t-iasc a d'ith Caitríona. 3 (Is) amárach a thiocfaidh siad. 4 (Is) Fíon ab'fhearr liom. 5 Go Gaillimh a bhí siad imithe. 6 Níl Brian tinn; caochta atá sé. 7 Ag magadh atá mé. 8 Ar an mbus a tháinig sibh, an ea? 9 Carr uaine a cheannaigh Nóra. 10 Ag obair a bhí sí nuair a chonaic mé í. 11 Rómhall a thiomáineann sí. 12 M'fhear céile a réiteoidh an dinnéar anocht.

2   1 'Sé a bhuaigh an duais ná Bairbre. 2 'Séard a cheannaigh mé ná bróga nua. 3 'Séard a dúirt sé ná 'Éist liom'. 4 'Séard a rinne tú ná botún mór. 5 'Séard a dhéanann sé ná damhsa ar an sean-nós. 6 'Séard a tháinig

inné ná litir ó Mhaimeo. 7 'Séard a d'ól sé ná ocht bpionta! 8 'Sé a bhí ansin ná mo chol ceathar. 9 'Séard atá aici ná BMW mór dubh. 10 'Séard a theastaíonns uaim ná cúntóir.

3 (Sample answers) 1 Fear an phoist a bhí ag an doras. 2 Ag meán oíche a chuaigh mé a chodladh. 3 Ubh bhruite agus arán donn a bhí agam. 4 Muiceoil is fearr liom. 5 Peige a chuaigh go dtí an Fhrainc. 6 Úll a íosfaidh mé. 7 Trí mhí a d'fhan siad ann. 8 Go Baile Átha Cliath a chuaigh mé. 9 Mise a ghlan é. 10 Caitlín a chonaic mé.

4 1 'Sea. 2 'Sé. 3 'Sí. 4 Is amhlaidh. 5 'Sea. 6 'Sea. 7 Is mé. 8 'Sea. 9 'Sea. 10 'Sí.

5 1 Is amhlaidh a dhóigh sé an dinnéar. An dinnéar a dhó a rinne sé. 'Séard a rinne sé (ná) an dinnéar a dhó. 2 Is amhlaidh a bhris sí a chroí. A chroí a bhriseadh a rinne sí. 'Séard a rinne sí, (ná) a chroí a bhriseadh. 3 Is amhlaidh a cheannaíonn sé agus a dhíolann sé tithe. Tithe a cheannach agus a dhíol a dhéanann sé. 'Séard a dhéanann sé, ná tithe a cheannach agus a dhíol. 4 Is amhlaidh a d'imir Pól níos fearr ná riamh. Imirt níos fearr ná riamh a rinne Pól. 'Séard a rinne Pól ná imirt níos fearr ná riamh. 5 Is amhlaidh a bhuailfidh muid an fhoireann atá sa chéad áit. An fhoireann atá sa chéad áit a bhualadh a dhéanfaidh muid. 'Séard a dhéanfaidh muid ná an fhoireann atá sa chéad áit a bhualadh. 6 Is amhlaidh a chaith tú amach mo bhronntanas! Mo bhronntanas a chaitheamh amach a rinne tú! 'Séard a rinne tú (ná) mo bhronntanas a chaitheamh amach! 7 Is amhlaidh a d'éirigh sí as toitíní. Éirí as toitíní a rinne sí. 'Séard a rinne sí ná éirí as toitíní. 8 Is amhlaidh a chasfaidh siad ceol tigh Dhonncha oíche amárach. Ceol a chasadh tigh Dhonncha a dhéanfaidh siad oíche amárach. 'Séard a dhéanfaidh siad oíche amárach (ná) ceol a chasadh tigh Dhonncha. 9 An amhlaidh a leag sibh an seanteach? An seanteach a leagan a rinne sibh? An éard a rinne sibh ná an seanteach a leagan? 10 Is amhlaidh a scríobhann sí úrscéalta. Úrscéalta a scríobh a dhéanann sí. 'Séard a dhéanann sí ná úrscéalta a scríobh.

6 1 'Séard atá uaim anois ná uachtar reoite. 2 Do mhuinéal a bhriseadh a dhéanfaidh tú! 3 Ollamh is ea mo dhearthair. 4 Sa Spáinn a bhuail mé le Mattias. 5 Amárach atá tú ag imeacht, nach ea? 6 Ag Bríd atá an t-airgead. 7 Ní mise a d'ith an píosa cáca deireanach. 8 Lá álainn is ea é. (or Lá álainn atá ann, or Is álainn an lá atá ann.) 9 Ag a hocht a chlog a imeoimid. 10 Is í Eibhlín a chonaic mé ag an leabharlann, ní hí Sorcha.

UNIT FOUR
Relative clauses II

When the noun defined by a relative clause functions within that clause as the object of a preposition or possessor of another noun, the relative clauses are formed differently from those introduced in Unit 1. These clauses, called indirect relative clauses, will be described in this unit.

Head noun in prepositional phrase

When the modified noun is the object of a preposition within the relative clause, the particle **a** introduces the clause as usual but with two differences in what follows:

- The verb is marked by eclipsis rather than lenition.
- The preposition takes a prepositional pronoun form matching the noun in gender and number.

The relative ending -*s* (see Unit 1) is never used in these cases.

> **Sin é *an teach* a bhfanaim *ann*.**
> That is the house that I stay in. (Lit. 'in it'.)

> **Sin í *an bhean* a bhfanann siad *léi*.**
> That is the woman they stay with. (Lit. 'with her'.)

> **Sin iad *na gasúir* a mbeidh tú ag tabhairt an leabhar *dóibh*.**
> Those are the children you'll be giving the book to. (Lit. 'to them'.)

Irregular verbs with special dependent forms use those in indirect relative clauses, as in the following:

> **Cé hiad *na daoine* a bhfaca mé *leo* í?**
> Who are the people I saw her with?

Tá *an fear* **a bhfaighidh tú litir** *uaidh* **ar saoire anois.**
The man that you'll get a letter from is on holiday now.

Feicim *na gasúir* **a raibh slaghdán** *orthu.*
I see the children who had a cold.
(Lit. 'the children who a cold was on them'.)

An í sin *an bhean* **a bhfuil a fhios** *aici* **an freagra?**
Is that the woman who knows the answer?
(Lit. 'who the answer is at her'.)

Because of the frequency of idioms where the experiencer of a physical or mental state is the object of a preposition, these structures are extremely common in Irish, even though the noun in question may be a subject or object in the English equivalent. What matters is its position in the Irish structure.

Head noun as possessor

When the head noun is a possessor, English uses a special relative pronoun 'whose'. Irish uses the indirect relative clause, with a possessive pronoun matching the head noun.

Sin é *an fear* **a bhfuair** *a* **bhean bás.**
That's the man whose wife died.

Sin í *an bhean* **a bhfuil** *a* **mac tinn.**
That's the woman whose son is sick.

Sin iad *na daoine* **ar bhuaigh** *a* **bpáiste an chéad duais.**
Those are the people whose child won first prize.

Past tense

When an indirect relative clause contains a regular past-tense verb, the lenition marking the tense is retained and **a** changes to **ar**:

Sin é *an teach* **ar fhan mé** *ann.*
That's the house I stayed in.

Sin í *an bhean* **ar fhan siad** *léi.*
That's the woman they stayed with.

Sin iad *na gasúir* ar thug tú an leabhar *dóibh*.
Those are the children you gave the book to.

Sin iad *na daoine* ar chuir mé caoi ar *a* gcarr.
Those are the people whose car I repaired.

The change to **ar** does not occur with the past tense of those irregular verbs that have a separate past dependent form.

Sin é an teach a raibh siad ina gcónaí ann.
That's the house they were living in.

Sin í an bhean a bhfuair mé teachtaireacht uaithi.
That's the woman I got a message from.

Copula

Ar is also the indirect relative form of the copula, used with copula + preposition idioms when they form the basis of a relative clause:

Is le Brian an carr.
The car is Brian's, Brian owns the car.

an duine ar leis an carr
the person who owns the car

Negative clauses

Verbs in negative indirect relative clauses do not differ from direct clauses.

an teach nach bhfanaim ann
the house that I don't stay in

an teach nár fhan mé ann riamh
the house I never stayed in

na cailíní nach raibh imní orthu
the girls who weren't worried

an múinteoir nach mbíonn a dhaltaí dána
the teacher whose pupils are not bold (naughty)

Questions and indirect relative clauses

Questions asked about objects of prepositions and possessors are also formed according to the rules of indirect relative clauses, i.e., eclipsis or dependent verb form, **ar**, for regular past verbs and a pronoun referring to the head as the object of a preposition or possessor:

Cén teach a bhfanann sibh ann?
Which house do you stay in?

Cén bhean a bhfanann tú léi?
Which woman do you stay with?

Cé na múinteoirí a raibh tú ag caint leo?
Which teachers were you talking to?

Cén chathaoir ar chuir tú an leabhar uirthi?
Which chair did you put the book on?

Cén bhean a bhfuil a mac tinn?
Which woman's son is sick?

Questions with 'who' or 'what' as the object of a preposition place the prepositional pronoun at the beginning with the question word. A possessive remains in the clause as usual.

Cé leis a bhfanann tú?	Who do you stay with?
Cé dó ar thug tú an leabhar?	To whom did you give the book?
Céard faoi a raibh sibh ag caint?	What were you talking about?
Cé a bhfuil a leabhar anseo?	Whose book is here?

Questions with the copula and a preposition place the question word and preposition at the beginning of the sentence; no explicit copula is needed:

Cé leis é?	Who owns it? Whose is it?
Cé as thú?	Where are you from?
Cad as duit?	

Other questions

Although some words for 'how' use direct relative structures, as in Unit 2, others use indirect clauses, with eclipsis or dependent forms of the verb (no extra pronouns are needed).

Cén chaoi a ndearna sé é?	How did he do it?
Goidé an dóigh a ndéanann tú sin?	How do you do that?

Other information requested with this structure includes questions about reason, time, and place.

Cén fáth a bhfuil siad anseo?	Why are they here?
Cén t-am a mbeidh sé anseo?	What time will he be here?
Cá raibh tú aréir?	Where were you last night?

Cá, a contraction of **cén áit a**, is almost always the form used for 'where' questions in sentences. It never stands alone, however, but only with a verb. To ask 'Where?' about something previously mentioned, without a verb, **cén áit** is used.

Buailfidh mé leat amárach.	I'll meet you tomorrow.
Ceart go leor. Cén áit?	Fine. Where?

Specific locations can also be questioned using particular nouns in place of **áit**:

Cén teach a gcónaíonn siad ann?	Which house do they live in?

More emphasis

Another way to emphasize a verb is with an indirect relative clause following 'Sé an chaoi. This is essentially synonymous with the **is amhlaidh** structures in Unit 3, but is favored in other areas, e.g., Connacht.

'Sé an chaoi ar ghortaigh sé é féin.	He actually hurt himself.
Ab é an chaoi ar shiúil tú ón mbus?	Did you *walk* from the bus?

An alternate structure

In formal, mostly written Irish, a structure synonymous with the indirect relative clauses above may be found. In this structure, the preposition is at the front of the clause, preceding **a** (or **ar**) and does not have a pronoun form.

an bord ar a bhfuil an leabhar	the table that the book is on
an bord a bhfuil an leabhar air	
an duine ag a bhfuil an leabhar	the person who has the book
an duine a bhfuil an leabhar aige	

Only a few prepositions allow the pre-clause form, especially **ar**, **do**, **in**, **ag**, and **le**. **Do** + **a** becomes **dá**, and **le** + **a** becomes **lena**.

áit ina bhfuil go leor daoine	a place in which there are many people
an bhean lenar labhair tú	the woman you spoke with

These have a somewhat archaic, bookish feel to them and are rare nowadays in the spoken language.

Exercises

1 Fill in the correct verb to complete the relative clause.

> 1 Fágfaidh mé mo leabhar ar an gcathaoir. Tá an chathaoir
> _____ mo leabhar uirthi compordach.
> 2 Glanann Peige an bord leis an éadach sin. Ach tá an t-éadach
> _____ sí an bord leis salach.
> 3 Cuirfidh sí ceist ar mhúinteoir. Tá eolas go leor ag an múinteoir
> _____ sí ceist uirthi.
> 4 Ceannóidh mé feoil sa siopa. Tá an siopa _____ feoil ann an-
> saor.
> 5 Tabharfaidh mé an leabhar do dhuine eile. Níor léigh an duine
> _____ mé an leabhar dó fós é.

Now, fill in the prepositional pronoun as well.

> 6 Labhraíonn siad Gaeilge le daoine áirithe, agus Béarla le daoine
> eile. Níl Gaeilge ag na daoine a _____ Béarla _____.
> 7 An snámhann tú san abhainn? Níl an abhainn a _____ tú
> _____ róghlan.
> 8 Tiocfaidh cuairteoirí anseo as tír eile. Ní bheidh siad sásta, mar tá
> an aimsir sa tír _____ siad _____ go maith, ach tá sí go dona
> anseo.
> 9 Labhróidh mé le duine faoin gceist seo. Beidh an freagra ag an
> duine _____ mé _____.
> 10 Bearrfaidh Séamas é féin le rásúr nua. Tá an rásúr _____
> Séamas é féin _____ an-ghéar.

2 Convert the sentences in Exercise 1 to past tense, changing the form of the relative clause accordingly.

3 Irregular verbs. Fill in the correct form of the irregular verbs and the preposition to make indirect relative clauses.

1 Gheobhaidh mé litir ó mo chairde. Tá na cairde _____ litir
   uathu sa Spáinn.
2 Tá fearg ar na mná tí. Tá na mná tí _____ fearg _____ ag
   iarraidh tuilleadh airgid.
3 Tá ceol maith ag cuid de na daoine úd. Ach ní maith liom na
   daoine _____ ceol acu.
4 Chonaic sí a chara le bean álainn. Níl aithne aici ar an mbean a
   _____ a chara _____.
5 Fuair sibh airgead inné. Cé uaidh a _____ sibh an t-airgead?
6 Bhí imní ar Mhairéad faoi ghasúr tinn; bhí an ceart aici, mar tá an
   gasúr _____ imní uirthi _____ san ospidéal anois.
7 Tá Rúisis ag duine de na banaltraí, ach níl an bhanaltra _____
   Rúisis _____ anseo anois.
8 Chuaigh Colm ar an mbus, ach bhí an bus _____ sé _____
   plódaithe, agus ní bhfuair sé suíochán.
9 Rinne sé an obair le huirlisí nua, ach níl na huirlisí _____ an
   obair _____ an-mhaith.
10 Ar thug tú cúnamh do dhuine ar bith? Thug, agus chríochnaigh an
   duine _____ mé cúnamh _____ é.

4 Combine the following sentences to form a single sentence with a
   possessor relative clause. E.g., Feicim bean. Tá a mac tinn. → Feicim bean
   a bhfuil a mac tinn.

   1 Feicim fear. Tá a mhac saibhir.
   2 Chuala mé scéal. Chuir a dheireadh iontas orm.
   3 Feicim daoine. Chuaigh a gcairde go dtí an Iodáil.
   4 Feicim cailín. Feileann a gúna di.
   5 Tá aithne agam ar bhean. Tá a teach ar an gcnoc.
   6 Tá aithne agam ar mháthair. Bhí a cuid páistí dána.
   7 Cloisim amhrán. Ní thuigim a fhocail.
   8 Feicim daltaí. Cuireann a gceisteanna fearg ar an múinteoir.
   9 Chonaic mé sagart. Bhí a charr gorm.
   10 Tá aithne agam ar bhúistéir. Tá a chuid feola an-daor.

5 Make relative clauses to modify the underlined word from the following
   sentences as illustrated. Some will be direct relative clauses, and some
   indirect. E.g.,

   Bhí fear anseo inné. → Sin é an fear a bhí anseo inné.
   Bhí sé ag fanacht in óstán. → Sin é an t-óstán a raibh sé ag fanacht ann.

   1 Cheannaigh mé teach. Sin é an teach _____
   2 Bhí sé ag caint le bean. Sin í an bhean _____

  3 Tógfaidh siad teach <u>in aice le loch</u>. Sin é an loch _____
  4 Chonaic mé <u>scannán</u>. Sin é _____
  5 Cloisfidh <u>daoine</u> sibh. Sin iad _____
  6 Léigh sí <u>nuachtán</u>. _____
  7 Léigh sí <u>i nuachtán</u> é. _____
  8 Cuirfidh mé an bosca <u>faoi leaba</u>. _____
  9 Tagann na hóráistí <u>as tír eile</u>. _____
 10 D'íoc <u>duine</u> an bille. _____
 11 Tá aithne ag Máirtín <u>ar pholaiteoirí</u>. _____
 12 Éistim <u>le clár</u> 'chuile mhaidin. _____

6 Emphasize the main verb of the following sentences (from Unit 3), in
   the new way introduced in this unit.

   1 Dhóigh sé an dinnéar.
   2 Bhris sí a chroí.
   3 Ceannaíonn sé agus díolann sé tithe.
   4 D'imir Pól níos fearr ná riamh.
   5 Buailfidh muid an fhoireann atá sa chéad áit.
   6 Chaith tú amach mo bhronntanas!
   7 D'éirigh sí as toitíní.
   8 Casfaidh siad ceol tigh Dhonncha oíche amárach.
   9 Ar leag sibh an seanteach?
  10 Scríobhann sí úrscéalta.

7 Answer the questions based on the picture on page 33, using relative
   clauses. There will usually be more than one possible answer that uniquely
   identifies the location. E.g.,

   Cá bhfuil an buidéal folamh?
   (Tá sé) faoin mbord a bhfuil an t-arán air. *Or*
   (Tá sé) faoin mbord a bhfuil an taephota air, etc.

   1 Cén bord a bhfuil an ghloine lán air?
   2 Cá bhfuil an cat?
   3 Cén pláta a bhfuil an t-iasc air?
   4 Cén pláta atá in aice leis na sceana?
   5 Cén bord atá in aice leis an tine?
   6 Cén buidéal atá leathlán?
   7 Cén ghloine atá beagnach folamh?
   8 Cén pláta atá in aice leis an ngloine lán?
   9 Cén chathaoir a bhfuil buidéal uirthi?
  10 Cá bhfuil an leabhar?

Continue if you wish, describing the location of other objects in the
picture, using relative clauses of either the direct or indirect type.

8 Make questions of the following. E.g.,

Tá an leabhar ar bhord éigin. → Cén bord a bhfuil an leabhar air?
Bhí sibh ag caint faoi dhuine éigin. → Cé faoi a raibh sibh ag caint?

1 Chuaigh tú áit éigin.
2 Tá siad ag féachaint ar rúd éigin.
3 Bhí ciall ag cailín éigin.
4 Tá na páistí ag magadh faoi dhuine éigin.
5 Rinne siad an obair ar chaoi éigin.
6 Tá fearg ar mhúinteoir éigin leat.
7 Tagann sé as áit éigin.
8 D'imigh tú le duine éigin.
9 Bhí imní oraibh faoi rud éigin.
10 Rinne siad staidéar ar ábhar éigin.

Answers to exercises

1 1 Tá an chathaoir a bhfágfaidh mé mo leabhar uirthi compordach. 2 Ach
tá an t-éadach a nglanann sí an bord leis salach. 3 Tá eolas go leor ag

an múinteoir a gcuirfidh sí ceist uirthi. 4 Tá an siopa a gceannóidh mé feoil ann an-saor. 5 Níor léigh an duine a dtabharfaidh mé an leabhar dó fós é. 6 Níl Gaeilge ag na daoine a labhraíonn siad Béarla leo. 7 Níl an abhainn a snámhann tú inti róghlan. 8 Ní bheidh siad sásta, mar tá an aimsir sa tír a dtiocfaidh siad aisti go maith, ach tá sí go dona anseo. 9 Beidh an freagra ag an duine a labhróidh mé leis. 10 Tá an rásúr a mbearrfaidh Séamas é féin leis an-ghéar.

2   1 D'fhág mé mo leabhar ar an gcathaoir. Bhí an chathaoir ar fhág mo leabhar uirthi compordach. 2 Ghlan Peige an bord leis an éadach sin. Ach bhí an t-éadach ar ghlan sí an bord leis salach. 3 Chuir sí ceist ar mhúinteoir. Tá eolas go leor ag an múinteoir ar chuir sí ceist uirthi. 4 Cheannaigh mé feoil sa siopa. Bhí an siopa ar cheannaigh mé feoil ann an-saor. 5 Thug mé an leabhar do dhuine eile. Níor léigh an duine ar thug mé an leabhar dó fós é. 6 Labhair siad Gaeilge le daoine áirithe, agus Béarla le daoine eile. Ní raibh Gaeilge ag na daoine ar labhair siad Béarla leo. 7 Ar shnámh tú san abhainn? Níl an abhainn ar shnámh tú inti róghlan. 8 Tháinig cuairteoirí anseo as tír eile. Ní raibh siad sásta, mar bhí an aimsir sa tír ar tháinig siad aisti go maith, ach bhí sí go dona anseo. 9 Labhair mé le duine faoin gceist seo. Bhí an freagra ag an duine ar labhair mé leis. 10 Bhearr Séamas é féin le rásúr nua. Bhí an rásúr ar bhearr Séamas é féin leis an-ghéar.

3   1 Tá na cairde a bhfaighidh mé litir uathu sa Spáinn. 2 Tá na mná tí a bhfuil fearg orthu ag iarraidh tuilleadh airgid. 3 Ach ní maith liom na daoine a bhfuil ceol acu. 4 Níl aithne aici ar an mbean a bhfaca sí a chara léi. 5 Cé uaidh a bhfuaire sibh an t-airgead? 6 . . . tá an gasúr a raibh imní uirthi faoi san ospidéal anois. 7 . . . ach níl an bhanaltra a bhfuil Rúisis aici anseo anois. 8 . . . ach bhí an bus a ndeachaigh sé uirthi plódaithe, agus ní bhfuair sé suíochán. 9 . . . níl na huirlisí a ndearna sé an obair leo an-mhaith. 10 Thug, agus chríochnaigh an duine ar thug/a dtug mé cúnamh dó é.

4   1 Feicim fear a bhfuil a mhac saibhir. 2 Chuala mé scéal ar chuir a dheireadh iontas orm. 3 Feicim daoine a ndeachaigh a gcairde go dtí an Iodáil. 4 Feicim cailín a bhfeileann a gúna di. 5 Tá aithne agam ar bhean a bhfuil a teach ar an gcnoc. 6 Tá aithne agam ar mháthair a raibh a cuid páistí dána. 7 Cloisim amhrán nach dtuigim a fhocail. 8 Feicim daltaí a gcuireann a gceisteanna fearg ar an múinteoir. 9 Chonaic mé sagart a raibh a charr gorm. 10 Tá aithne agam ar bhúistéir a bhfuil a chuid feola an-daor.

5   1 Sin é an teach a cheannaigh mé. 2 Sin í an bhean a raibh sé ag caint léi. 3 Sin é an loch a dtógfaidh siad teach in aice leis. 4 Sin é an scannán

a chonaic mé. 5 Sin iad na daoine a chloisfidh sibh. 6 Sin é an nuachtán a léigh sí. 7 Sin é an nuachtán ar léigh sí ann é. 8 Sin í an leaba a gcuirfidh mé an bosca fúithi. 9 Sin í an tír a dtagann na horáistí aisti. 10 Sin é an duine a d'íoc an bille. 11 Sin iad na polaiteoirí a bhfuil aithne ag Máirtín orthu. 12 Sin é an clár a n-éistim leis 'chuile mhaidin.

6 1 'Sé an chaoi ar dhóigh sé an dinnéar. 2 'Sé an chaoi ar bhris sí a chroí. 3 'Sé an chaoi a gceannaíonn sé agus a ndíolann sé tithe. 4 'Sé an chaoi ar imir Pól níos fearr ná riamh. 5 'Sé an chaoi a mbuailfidh muid an fhoireann atá sa chéad áit. 6 'Sé an chaoi ar chaith tú amach mo bhronntanas! 7 'Sé an chaoi ar éirigh sí as toitíní. 8 'Sé an chaoi a gcasfaidh siad ceol tigh Dhonncha oíche amárach. 9 An é an chaoi ar leag sibh an seanteach? 10 'Sé an chaoi a scríobhann sí úrscéalta.

7 1 an bord a bhfuil an t-iasc air/an bord a bhfuil an buidéal lán air 2 faoin gcathaoir a bhfuil an ghloine fholamh uirthi/a bhfuil buidéal agus gloine uirthi 3 an pláta a bhfuil an forc air 4 an pláta a bhfuil an t-arán air 5 an bord a bhfuil an buidéal lán air/a bhfuil an t-iasc air 6 an buidéal atá ar an gcathaoir a bhfuil an cat fúithi (or an buidéal atá in aice leis an ngloine fholamh) 7 an ghloine ar an mbord a bhfuil an buidéal faoi/ar an mbord a bhfuil an taephota air, etc. 8 an pláta a bhfuil an t-iasc agus an forc air 9 an chathaoir a bhfuil an cat fúithi/a bhfuil gloine uirthi 10 ar an gcathaoir nach bhfuil rud ar bith fúithi/ar an gcathaoir in aice leis a mbord a bhfuil an buidéal lán air, etc.

8 1 Cá ndeachaigh tú? 2 Cé air a bhfuil siad ag féachaint? 3 Cén cailín a raibh ciall aici? 4 Cé faoi a bhfuil na páistí ag magadh? 5 Cén chaoi a ndearna siad an obair? 6 Cén múinteoir a bhfuil fearg air leat? 7 Cé as a dtagann sé? 8 Cé leis ar imigh tú? 9 Cé faoi (céard faoi/cad faoi) a raibh imní oraibh? 10 Cén t-ábhar a ndearna siad staidéar air?

UNIT FIVE
Impersonal forms

All Irish verbs have impersonal forms (traditionally called 'autonomous' verbs), used when the identity of the subject is unknown or unimportant. Because the subject is unmentioned, these forms often translate as passive sentences in English; this will be done for convenience here, but it is important to remember that they are different from English passives in important ways:

- The impersonal endings are found on all Irish verbs, including those with no object (e.g., 'be', 'come'), which do not have English passive forms.
- The actor or subject of the verb is never mentioned in Irish impersonals, though it may be (with 'by') in English passives.
- The noun that is the grammatical subject of an English passive sentence remains as an object in Irish, as can be seen by the form of pronouns (examples below).

This unit introduces impersonal forms for the three tenses previously presented.

Present tense

The present tense endings are built on the suffix *-tar*, with variations depending on the final vowel or consonant of the stem and the conjugation class the verb belongs to.

Vowels that drop out when regular endings are added do so here, too.

Class 1		*Class 2*	
-t(e)ar	**bristear**	*-(a)ítear*	**mínítear**
	díoltar		**ceannaítear**
			imrítear

Note that due to the *í* of the Class 2 verb ending, *-tear* is always slender.

Díoltar bláthanna ansin.   Flowers are sold there.
Labhraítear Fraincis san Eilvéis. French is spoken in Switzerland.

The usual particles are used for negatives, questions and subordinate clauses.

Ní imrítear mórán sacair ansin.   Not much soccer is played there.
An labhraítear Gearmáinis freisin? Is German spoken too?
Deirtear go mbíonn sé te anseo.   They say it's hot here.

When not translated as passive, this form can be translated with words like 'one', 'they', 'someone' or 'people'; with intransitive verbs, there is no other option.

Éirítear go moch sa teach seo.   They get up early in this house.

Future tense

The future tense adds the *-(e)ar* endings to the future suffix in *f* to give *-far/fear*. Class 2 verbs use this suffix too, but add it to their characteristic future marker *ó* (or *eo*), so the *f* of the ending is always broad:

Class 1		*Class 2*	
-f(e)ar	**brisfear**	*eofar/ófar*	**míneofar**
	díolfar		**ceannófar**
			imreofar

Imreofar cártaí anocht.   There will be card-playing tonight.
Caithfear dul abhaile.   One must go home.

Past tense

The past endings *-adh/odh* are pronounced as if written *ú* north of the Shannon, and as *-og, -ubh,* or *-ach* in various parts of Munster.

Class 1		*Class 2*	
-(e)adh	**briseadh**	*-(a)íodh*	**míníodh**
	díoladh		**ceannaíodh**
			imríodh

The impersonal forms of regular verbs are not lenited in the past tense, either alone or following negative, relative, and other particles. Normal

mutations apply after particles in other tenses, however. There is also no
d' prefixed to vowels or *f* in the past impersonal.

Gortaíodh Máire i dtimpiste.	Máire was injured in an accident.
Níor gortaíodh aon duine eile.	No one else was injured.
Briseadh an ghloine.	The glass broke/got broken.
Freagraíodh an cheist.	The question was answered.

Irregular verbs

Most irregular verbs form impersonals by adding the endings above to the
stem form (dependent or independent) normally used for that tense:
rinneadh 'was done', **tugadh** 'someone gave', **íosfar** 'one will eat', etc. Only
additional irregularities are listed below.

abair	*Past*	**dúradh** 'one said' (broadened *r*)
faigh	*Future*	**gheofar** 'one will get' (*bh* dropped)

An irregular past form is shared by several verbs, which add the suffix *-thas*
to their past stems, broadening a preceding slender consonant; they retain
the same mutations and preverbal particles as the corresponding personal
past tense forms.

chualathas	one heard
thángthas	one came (*note syllable loss*)
chuathas	one went
fuarthas	one got, found
chonacthas	one saw
bhíothas	one was

The same ending is added to the dependent stems of these verbs. A few
examples will suffice.

Ní bhfuarthas é.	One did not find it/it wasn't found.
Ní dheachthas ann.	One did not go there.
An bhfacthas í?	Was she/it seen?
Sílim go ndeachthas ann.	I think that someone went there.
Nach rabhthas sásta?	Weren't they (*unspecific*) satisfied?

These standard forms are regularized to the *-adh* endings in some dialects.
   The present tense of **bí** 'be' adds the irregular suffix *-thar* to **tá**, which is
never lenited.

Táthar saibhir anseo.	People are rich here.
an fhad is atáthar sásta	as long as one is happy
An bhfuiltear compordach? Níltear.	Are people comfortable? No.

Rugadh

Regular impersonal endings are added to the irregular stems of **beir**. In the past, the form **rugadh** is quite predictable. With appropriate prepositions, it can mean 'was carried' or 'was taken', but its most common use is in the sense 'was born'.

Rugadh i Meiriceá mé.	I was born in America.
Rugadh i Sasana í.	She was born in England.

Note the non-subject form of **í**, reinforcing the idea that these sentences are not passives in the English sense, where 'she' clearly is the subject of the sentence.

Idioms and other structures

A number of verbs and idiomatic phrases in which a prepositional phrase contains what would be the subject in English can be made impersonal by simply omitting the prepositional phrase:

Is féidir liom é a dhéanamh.	I can do it.
Is féidir é sin a dhéanamh.	It can be done.
Ba cheart duit an obair a chríochnú.	You should finish the work.
Ba cheart an obair a chríochnú.	The work should be finished.
Teastaíonn níos mó uainn.	We need more.
Teastaíonn níos mó.	More is needed.
D'éirigh liom san obair.	I succeeded in the work.
D'éirigh leis an obair.	The work was successful.

Cailleadh 'was lost' is commonly used as an idiom meaning 'died'.

Cailleadh Séamas Mhicí Sheáin anuraidh.
Séamas Mhicí Sheáin died last year.

Impersonal forms of **feic** 'see' are used with the preposition **do** with the idiomatic meaning 'it seems to'.

Feictear dom go mbeidh siad mall.
It seems to me that they will be late.

Exercises

1 Change the following to impersonal form. E.g., Tá daoine ansin → Táthar ansin.

   1 Téann daoine ann go minic ar saoire.
   2 Dúnann siad an siopa sin ag a naoi.
   3 Tá daoine míshásta leis an rialtas.
   4 Labhraíonn daoine Gaeilge anseo.
   5 Ní mhúineann siad Iodáilis ag an ollscoil.
   6 An éiríonn daoine go moch ag an deireadh seachtaine?
   7 Goideann daoine go leor carranna sa chathair.
   8 An ndíolann siad tobac sa siopa seo?
   9 Scríobhann siad go leor sa rang sin.
   10 Ní itheann daoine muiceoil san Iosrael.

2 Make the following past tense sentences impersonal, as above.

   1 Cheap siad Aire nua.
   2 Thug duine an bille domsa.
   3 Chuala daoine an toirneach, ach ní fhaca siad an tintreach.
   4 Bhunaigh siad an scoil sin caoga bliain ó shin.
   5 An raibh daoine ag an gcóisir?
   6 Chuidigh daoine linn, buíochas le Dia.
   7 Dúirt duine éigin liom fanacht anseo.
   8 Níor fhoghlaim daoine an ceacht.
   9 Chuir duine fios ar na gardaí.
   10 D'ól daoine fíon agus branda.

3 Change the following past impersonal sentences to future tense.

   1 Glanadh an t-urlár.
   2 Cuireadh litir chugat ag míniú an scéil.
   3 Thángthas um Nollaig.
   4 Ceannaíodh píosa mór talún.
   5 Rinneadh an obair go tapaidh.
   6 Líonadh do ghloine.
   7 Múchadh an solas.
   8 Breathnaíodh ar an teilifís an lá uilig.
   9 Itheadh agus óladh an iomarca.
   10 Briseadh an fhuinneog.

4 Make the following impersonal sentences negative.

   1 Íosfar an cáca ar fad.

   2 Caitear an iomarca airgid.
   3 Chonacthas dúinn go raibh sé ag insint na fírinne.
   4 Léitear *The Irish Times* sa teach seo.
   5 Cailleadh m'athair anuraidh.
   6 Maraíodh san arm é.
   7 Imíodh a chodladh go luath.
   8 Míneofar ar ball é.
   9 Labhraíodh Rúisis.
  10 Táthar ag foghlaim Gaeilge.

5 Convert the following to questions.

   1 Dúradh leis go mbeidh siad ann gan mhoill.
   2 Níor díoladh an talamh úd?
   3 Imreofar an cluiche ceannais amárach.
   4 Rugadh sa Tuaisceart í.
   5 Cuidíodh leat.
   6 Téitear ann 'chuile shamhradh.
   7 Níltear sásta ar chor ar bith.
   8 Tabharfar léacht suimiúil ar an ábhar céanna.
   9 Díoltar éadaí deasa sa siopa sin.
  10 Faightear piontaí maithe tigh Doheny & Nesbitt.

6 Make the following impersonal.

   1 Ní foláir duit carr a cheannach.
   2 Teastaíonn níos mó ama uainn.
   3 An féidir le daoine béile a fháil anseo?
   4 Ní miste daoibh fanacht socair.
   5 Tá imní ar dhaoine faoi na ceisteanna sin.
   6 D'éirigh go maith leo leis an scéim sin.
   7 Níor cheart dóibh é sin a rá.
   8 Ní gá duit é a thabhairt ar ais.
   9 Tá sé chomh maith daoibh fanacht anseo.
  10 Ba cheart dúinn stopadh anois.

7 Translate.

   1 Caitríona was born in 1985.
   2 One won't hear much music in that pub.
   3 Her father died.
   4 He was drowned.
   5 My money was stolen.
   6 You'll be killed!

7 They cut back more every year.
8 One should not say bad words.
9 Was nothing done about that?
10 You'll be given the report when it is written.

Answers to exercises

1 1 Téitear ann go minic ar saoire. 2 Dúntar an siopa sin ag a naoi. 3
Táthar míshásta leis an rialtas. 4 Labhraítear Gaeilge anseo. 5 Ní
mhúintear Iodáilis ag an ollscoil. 6 An éirítear go moch ag an deireadh
seachtaine? 7 Goidtear go leor carranna sa chathair. 8 An ndíoltar tobac
sa siopa seo? 9 Scríobhtar go leor sa rang sin. 10 Ní itear muiceoil san
Iosrael.

2 1 Ceapadh Aire nua. 2 Tugadh an bille domsa. 3 Chualathas an
toirneach, ach ní fhacthas an tintreach. 4 Bunaíodh an scoil sin caoga
bliain ó shin. 5 An rabhthas ag an gcóisir? 6 Cuidíodh linn, buíochas le
Dia. 7 Dúradh liom fanacht anseo. 8 Níor foghlaimíodh an ceacht. 9
Cuireadh fios ar na gardaí. 10 Óladh fíon agus branda.

3 1 Glanfar an t-urlár. 2 Cuirfear litir chugat ag míniú an scéil. 3 Tiocfar
um Nollaig. 4 Ceannófar píosa mór talún. 5 Déanfar an obair go tapaidh.
6 Líonfar do ghloine. 7 Múchfar an solas. 8 Breathnófar ar an teilifís
an lá uilig. 9 Íosfar agus ólfar an iomarca. 10 Brisfear an fhuinneog.

4 1 Ní íosfar an cáca ar fad. 2 Ní chaitear an iomarca airgid. 3 Ní fhacthas
dúinn go raibh sé ag insint na fírinne. 4 Ní léitear *The Irish Times* sa
teach seo. 5 Níor cailleadh m'athair anuraidh. 6 Níor maraíodh san arm
é. 7 Níor imíodh a chodladh go luath. 8 Ní mhíneofar ar ball é. 9 Níor
labhraíodh Rúisis. 10 Níltear ag foghlaim Gaeilge.

5 1 Ar dúradh leis go mbeidh siad ann gan mhoill? 2 Nár díoladh an
talamh úd? 3 An imreofar an cluiche ceannais amárach? 4 Ar rugadh
sa Tuaisceart í? 5 Ar cuidíodh leat? 6 An dtéitear ann 'chuile
shamhradh? 7 Nach bhfuiltear sásta ar chor ar bith? 8 An dtabharfar
léacht suimiúil ar an ábhar céanna? 9 An ndíoltar éadaí deasa sa siopa
sin? 10 An bhfaightear piontaí maithe tigh Doheny & Nesbitt?

6 1 Ní foláir carr a cheannach. 2 Teastaíonn níos mó ama. 3 An féidir béile
a fháil anseo? 4 Ní miste fanacht socair. 5 Tá imní faoi na ceisteanna
sin. 6 D'éirigh go maith leis an scéim sin. 7 Níor cheart é sin a rá. 8 Ní
gá é a thabhairt ar ais. 9 Tá sé chomh maith fanacht anseo. 10 Ba cheart
stopadh anois.

7 1 Rugadh Caitríona in 1985. 2 Ní chloisfear mórán ceoil sa teach ósta sin. 3 Cailleadh a hathair. 4 Bádh é. 5 Goideadh mo chuid airgid. 6 Marófar thú! 7 Gearrtar siar níos mó gach bliain ('chuile bhliain). 8 Níor cheart drochfhocail a rá. 9 Nach ndearnadh rud ar bith faoi sin? 10 Tabharfar an tuarascáil duit nuair a scríobhfar í.

UNIT SIX
Adverbs I

Adverbs are normally used to qualify a verb, adjective, or the entire sentence. Many are derived from descriptive adjectives; others, especially those referring to time and place, are not.

Adverb formation

Adverbs may be formed from adjectives by adding the particle **go**, which prefixes *h-* to a vowel but does not alter a consonant:

Tá Bairbre cúramach.	Bairbre is careful.
Rinne sí an obair go cúramach.	She did the work carefully.
Tá an carr mall.	The car is slow.
Tá tú ag tiomáint go mall.	You're driving slowly.
duine mímhúinte	an impolite person
Labhair sí go mímhúinte.	She spoke impolitely.
cuairt annamh	a rare visit
Téann siad ann go hannamh.	They rarely go there.

The particle **go** may be omitted when the adverb is further qualified, including by the prefixes introduced in *Basic Irish*, Unit 21, in some dialects more than others.

cúramach go leor	carefully enough, fairly carefully
sách cúramach	sufficiently carefully, carefully enough
réasúnta cúramach	reasonably carefully
róchúramach	too carefully
an-chúramach	very carefully

The use of **go** usually signals that the adverb in question describes the manner in which something is done. It can be thought of as doing the same job that the English suffix '-ly' does.

Adverbs without go

Most adverbs of time and place do not use the particle **go**.

Déanfaidh mé an obair amárach.	I'll do the work tomorrow.
Cuir na málaí ansiúd.	Put the bags over there.
Feicfidh mé ar ball sibh.	I'll see you later.

Many of these are longer phrases. Time adverbs are particularly varied in form.

Tá sneachta ann le mí anuas.	We've had snow for the past month.
Tháinig sé ar uair an mheán oíche.	He arrived at midnight.
D'imigh sí go Sasana bliain ó shin.	She went to England a year ago.
Tá siad ar an taobh istigh.	They're inside.

Position of adverbs

The examples above show that adverbs generally come at the end of Irish sentences (unless there's a pronoun object or a particularly long phrase following). This is especially true for adverbs expressing manner of action. Adverbs of time and place also tend to be toward the end but are a bit freer. They may come first, calling special attention to the adverb.

Amárach, beidh muid ag tosú ar scoil.
Tomorrow, we'll be starting school.

Le mí anuas, ní raibh sneachta ar bith againn.
For the past month, we've had no snow at all.

Thall i bPáras, labhraítear Fraincis.
Over in Paris they speak French.

A pronoun object will often follow an adverb:

Feicfidh mé anocht sibh.	I'll see you tonight.
Rinne sí go cúramach é.	She did it carefully.

Time adverbs as predicates

A few adverbs expressing time concepts rather than manner can be used with **go**. Two of the most common are **go hannamh** 'rarely', and **go minic** 'often'.

An dtagann tú anseo go minic?	Do you come here often?
Ní thagaim anseo ach go hannamh.	I only come here rarely.

These adverbs also appear frequently in an alternative structure as predicates of **is**, with a relative clause containing what would be the English main verb:

Is minic a thagaim anseo.	I come here often.
Ní an-mhinic a thagaim anseo.	I don't come here very often.
Is annamh a thagaim anseo.	I come here rarely.

These are parallel to the focus structures introduced in Unit 3, but they aren't particularly more emphatic than the **go** phrases.

Hardly and almost

This structure is also used almost exclusively to express the qualifiers 'hardly' and 'almost'.

Is ar éigean a d'aithin mé é.	I hardly recognized him.

When **ar éigean** modifies an adjective, it follows it, as below.

Conas atá tú?	How are you?
Beo ar éigean.	Barely living.

'Almost' is expressed by **dóbair go** (or **dóbair do** + verbal noun) or **is beag nach**, which has the added twist that the subordinate clause is introduced by **nach**, even though its translation isn't negative:

Dóbair dom titim.	
Dóbair gur thit mé.	} I almost fell.
Is beag nár thit mé.	

Is beag nach ndeachaigh sí amach ar an tsráid.
She almost went out into the street.

The phrase can be contracted into a single word, especially when it qualifies a descriptive adjective, as in **beagnach réidh** 'almost ready'. When qualifying an action or event, however, the phrasal structure in the examples above is the principal one used.

Other adverb predicates

Another group of adverbs conveys the speaker's attitude or commitment to the rest of the sentence. In English, such adverbs look very much like the first set above, ending with '-ly': 'You obviously don't know the answer', 'I'll probably see Brian tomorrow', 'Hopefully, we'll have snow next week'. But their Irish equivalents are quite different. Again, the adverb concept is usually expressed as a predicate of **is** (or occasionally an idiom with **bí**), and the verb is in a subordinate clause introduced by **go/nach**.

> **Is léir nach bhfuil an freagra agat.**
> Obviously, you don't know the answer.

> **Tá súil agam go mbeidh sneachta againn.**
> Hopefully we'll have snow.

> **Is cosúil go raibh an-spraoi ag na gasúir; d'fhág siad an áit ina praiseach.**
> Apparently the children had great fun; they left the place in a mess.

A more literal translation might be something like, 'It is obvious that you don't know the answer', 'I hope that we'll have snow', etc. But this is the best (sometimes the only) way in Irish to express what the English adverb conveys.

An extremely common use of this type of structure is to express probability or likelihood. The best known of these predicates is **b'fhéidir** 'maybe, perhaps' (lit. 'it would be possible'), but there are others.

> **B'fhéidir go mbeidh sneachta againn.**
> Maybe we'll have snow.

> **Is dócha go bhfeicfidh mé Bríd amárach.**
> I'll probably see Bríd tomorrow.

These can also be placed at the end of a sentence but, as such, are more like an afterthought, showing uncertainty. The predicate structure is more common, except in responses that aren't full sentences.

> **An mbeidh Niamh anseo anocht? Beidh, is dócha.**
> Will Niamh be here tonight? Yes, probably.

Improbability is expressed by **ní móide go** or **drochsheans go** 'it is unlikely (that)':

Ní móide go mbeidh sneachta againn.
We are unlikely to have snow.

Drochsheans go dtiocfaidh sí.
She probably won't come.

Exercises

1 Convert the adjective to an adverb in the sentences below, and fill the blank with it. E.g., Tá mé sásta. Tá mé ag caint go sásta.

   1 Tá Máire leisciúil. Tá sí ag obair _____.
   2 Tá Maime cantalach. Tá sí ag caint _____.
   3 Tá an bus luath. Tháinig an bus _____.
   4 Tá Bríd compordach. Tá sí ag obair_____.
   5 Tá Gaeilge mhaith ag Páidín. Labhraíonn sé Gaeilge _____.
   6 Bhí báisteach throm ann. Chuir sé báisteach _____.
   7 Tá an cailín sin ciúin. Tá sí ag obair _____.
   8 Tá an buachaill sin glic. Tá sé ag caint _____.
   9 Tá Seáinín dána. Labhair sé _____ leis an múinteoir.
  10 Tá do chara aisteach. Bhí sé ag caint _____.
  11 Tá an obair sin crua. Tá muid ag obair _____.
  12 Tógann Peige saoire choitianta. Téann sí go Conamara _____.
  13 Fear díreach é Máirtín. Labhraíonn sé _____ i gcónaí.
  14 Bean lách í sin. Labhraíonn sí _____.
  15 Duine cúramach mé. Tá mé ag obair _____ anois.

2 Reorder the adverbs to give them more emphasis. E.g., Bhí crann mór thall ansin → Thall ansin, bhí crann mór.

   1 Déanfaidh mé dinnéar duit oíche Dé hAoine.
   2 Tagann siad go luath anois is arís.
   3 Tá plátaí nua ar an drisiúr.
   4 Bhí caisleán anseo fada ó shin.
   5 Tosóidh an cluiche ag a trí a chlog.
   6 Bhí mé tinn inné, ach tá mé ceart anois.
   7 Tá seacht seomra codlata sa teach sin.
   8 Ritheann Liam míle gach maidin roimh bhricfeasta.
   9 Chonaic mé capall mór ina sheasamh in aice leis an bpáirc.
  10 Níltear ag súil le sneachta ag an am seo den bhliain.

3 Convert the following adverbial phrases to adverbial predicates, as
   follows:

   Tarlaíonn sé go minic. → Is minic a tharlaíonn sé.
   Beidh sé anseo, b'fhéidir. → B'fhéidir go mbeidh sé anseo.

   1 Cuireann sé sneachta go hannamh.
   2 Tagann an traein mall go minic.
   3 Ní labhraíonn Peige Fraincis go minic.
   4 Chríochnaigh mé an obair, beagnach, ach níor chríochnaigh mé
      uilig í.
   5 Níl a fhios agam an freagra fós, ach beidh a fhios, cinnte.
   6 Beidh siad ar ais arís, is dócha.
   7 D'éirigh linn ar éigean an obair a dhéanamh.
   8 Bhain siad taitneamh as an bhféile, cinnte.
   9 Chonaic mé Mairéad go minic ag damhsa.
   10 Bhí sé ar éigean ina sheasamh nuair a leagadh arís é.

4 Add time adverbs to the following sentences that will fit with the tense
   of the verb.

   1 Tiomáineann tú róthapaidh.
   2 Thiomáin tú róthapaidh.
   3 An mbeidh sibh ar ais arís?
   4 Bhí siad ar ais.
   5 Tagann siad ar ais.
   6 Chonaic mé an cat dubh.
   7 Feicim an cat dubh.
   8 Feicfidh mé an cat dubh.
   9 D'inis sé scéal fada.
   10 Tá sé ag insint scéil fhada.

5 Translate into Irish.

   1 She'll come back in a while.
   2 You didn't do the work carefully enough; now you must do it again.
   3 Cáit will be here soon, and maybe she'll stay a while.
   4 He spoke quietly but effectively enough.
   5 I almost believed that lie.
   6 My sister is awfully tired; she can hardly get up in the morning.
   7 Peadar builds houses carefully and well.
   8 It rarely snows here but it's often frosty.
   9 The horse ran fast, but he didn't run fast enough.
   10 Bairbre is fairly cross, because the children are not playing nicely.

Answers to exercises

1 1 Tá sí ag obair go leisciúil. 2 Tá sí ag caint go cantalach. 3 Tháinig an bus go luath. 4 Tá sí ag obair go compordach. 5 Labhraíonn sé Gaeilge go maith. 6 Chuir sé báisteach go trom. 7 Tá sí ag obair go ciúin. 8 Tá sé ag caint go glic. 9 Labhair sé go dána leis an múinteoir. 10 Bhí sé ag caint go haisteach. 11 Tá muid ag obair go crua. 12 Téann sí go Conamara go minic. 13 Labhraíonn sé go díreach i gcónaí. 14 Labhraíonn sí go lách. 15 Tá mé ag obair go cúramach anois.

2 1 Oíche Dé hAoine, déanfaidh mé dinnéar duit. 2 Anois is arís, tagann siad go luath. 3 Ar an drisiúr, tá plátaí nua. 4 Fada ó shin, bhí caisleán anseo. 5 Ag a trí a chlog, tosóidh an cluiche. 6 Inné, bhí mé tinn, ach anois, tá mé ceart. 7 Sa teach sin tá seacht seomra codlata. 8 Gach maidin roimh bhricfeasta, ritheann Liam míle. 9 In aice leis an bpáirc, chonaic mé capall mór ina sheasamh. 10 Ag an am seo den bhliain, níltear ag súil le sneachta.

3 1 Is annamh a chuireann sé sneachta. 2 Is minic a thagann an traein mall. 3 Ní minic a labhraíonn Peige Fraincis. 4 Is beag nár chríochnaigh mé an obair, ach níor chríochnaigh mé uilig í. 5 Níl a fhios agam an freagra fós, ach is cinnte go mbeidh a fhios. 6 Is dócha go mbeidh siad ar ais arís. 7 Is ar éigean a d'éirigh linn an obair a dhéanamh. 8 Is cinnte gur bhain siad taitneamh as an bhféile. 9 Is minic a chonaic mé Mairéad ag damhsa. 10 Is ar éigean a bhí sé ina sheasamh nuair a leagadh arís é.

4 Sample adverbs: 1 Tiomáineann tú róthapaidh go hiondiúil/corruair/go minic/i gcónaí/uaireanta, etc. 2 Thiomáin tú róthapaidh aréir/inné/an t-am sin/bliain ó shin, etc. 3 An mbeidh sibh ar ais arís amárach/an bhliain seo chugainn/an tseachtain seo chugainn, etc.? 4 Bhí siad ar ais anuraidh/an tseachtain seo caite/an mhí seo caite/inné/an chéad lá eile, etc. 5 Tagann siad ar ais 'chuile bhliain/go minic/corruair/go hannamh/anois is arís, etc. 6 Chonaic mé an cat dubh inné/nóiméad ó shin/an tseachtain seo caite/corruair/an mhí seo caite, etc. 7 Feicim an cat dubh go minic/anois is arís/uaireanta/go hannamh/scaití/gach lá/ar maidin, etc. 8 Feicfidh mé an cat dubh amárach/anocht/ar maidin/arú amárach/ar ball/an mhí seo chugainn/oíche Shamhna, etc. 9 D'inis sé scéal fada ar ball/aréir/an lá cheana/anuraidh/inné/tamall ó shin, etc. 10 Tá sé ag insint scéil fhada anois/faoi láthair/go fóill/fós, etc.

5 1 Tiocfaidh sí ar ais ar ball. 2 Ní dhearna tú an obair sách cúramach; anois caithfidh tú í a dhéanamh arís. 3 Is gearr go mbeidh Cáit anseo, agus b'fhéidir go bhfanfaidh sí tamall. 4 Labhair sé go ciúin, ach sách éifeachtach (or éifeachtach go leor). 5 Is beag nár chreid mé an bhréag

sin. 6 Tá mo dheirfiúr uafásach tuirseach; is ar éigean atá sí in ann éirí ar maidin. 7 Tógann Peadar tithe go cúramach agus go maith. 8 Is annamh a chuireann sé sneachta anseo, ach is minic a chuireann sé sioc. (*Or* cuireann sé sioc go minic). 9 Rith an capall go sciopta, ach níor rith sé sách sciopta. 10 Tá Bairbre réasúnta cantalach, mar níl na páistí ag súgradh go lách.

UNIT SEVEN
Adverbs II: predicates and clauses

A number of clauses function as adverbs, giving such information as time, place, and reason for the event described in the main clause. These are introduced in various ways, discussed below.

Adverbial relative clauses

Several clauses referring to time are introduced as direct relative clauses with a time phrase including **a**. Most notable among these is **nuair a** 'when', (contracted from **an uair a**). Others include **chomh luath is a** 'as soon as' and **fad is a** 'as long as'.

Nuair a bhí an léacht thart, d'imigh siad.
When the lecture was over, they left.

Imeoidh mé chomh luath is a bheidh an léacht thart.
I'll leave as soon as the lecture ends.

When future time is involved, note that both the subordinate clause and the main clause verbs in Irish use future tense, unlike English. Because these are relative clauses, the relative verb ending -s may be used:

chomh luath is a bheas an léacht thart
as soon as the lecture is over

Before a clause beginning with the copula, **agus** replaces **is** in these phrases:

chomh luath agus is féidir
as soon as possible

Mar 'as' also introduces a direct relative clause. When followed by the indirect relative form, it means 'where'.

Fan mar atá tú.	Stay as you are.
Fan mar a bhfuil tú.	Stay where you are.

Certain other time clauses referring to specific times can be followed by either direct or indirect relatives, according to the speaker's choice:

an lá a fuair sé bás
an lá a bhfuair sé bás } the day he died

Adverbial clauses with go

Other clauses are introduced by **go** and a dependent (or eclipsed) verb form. Most common among these are **(go dtí) go** 'until,' **mar gheall (air)** or **toisc** 'because', and **cé** 'although'.

D'fhan siad go dtí gur chríochnaigh an dráma.
They stayed until the play finished.

Fan anseo go dtiocfaidh mé ar ais.
Wait here till I come back.

Fanfaidh mé sa mbaile mar gheall go bhfuil mé tinn.
I'll stay home because I'm sick.

Cé gur airigh sé tinn, chuaigh sé ag obair.
Although he felt sick, he went to work.

Mar can also be used alone to mean 'because, for', in which case it may be followed directly by the verb (or in some dialects by **go**). Similarly, **ó** 'since' can introduce a clause alone or in its longer form **ós rud é go**.

D'fhan sí sa leaba {
mar bhí sé tinn.
mar go raibh sé tinn.
ó bhí sé tinn.
ós rud é go raibh sé tinn.

He stayed in bed because he was sick.

When **ó** is used with a time meaning, it always appears alone.

Ní fhaca mé é ó tháinig sé abhaile.
I haven't seen him since he came home.

As usual, **a/go** become **nach** in negative clauses. Adverbials which do not require **a** or **go** (**mar, ó**) may, but need not, use **nach**.

Nuair nach bhfeicim thú, bíonn brón orm.
When I don't see you, I'm sad.

Fan anseo go dtí nach mbeidh duine ar bith fágtha.
Wait here until no one is left.

Ní bheidh mé ann mar nach bhfuil airgead agam.
Ní bheidh mé ann mar níl airgead agam.
I won't be there because I have no money.

Predicates revisited

Certain adverb predicates are followed by clauses introduced by **go** in the sense of 'until'. One of the most frequent and useful is **is gearr go**, used to mean 'soon'.

Is gearr go mbeidh an samhradh ann. Soon it will be summer.
Is gearr go dtosóidh an ceol.   The music will start soon.

A more literal translation might be 'It is [a] short [time] until the music will start', etc. This is particularly used in cases where the time reference is in the future, but it can be used for past time, in which case the past form of the copula is often used:

agus ba gearr go raibh fiche bád ann   and soon there were twenty boats

A variation on this wording uses **ní fada** 'not long'.

Ní fada gur tháinig Stiofán isteach. It wasn't long until Stiofán came in.
Ní fada go mbeidh siad ar ais.   It won't be long till they are back.

This is the most general and frequent way to express 'soon'. Occasionally other adverbs, such as **go gairid**, **go luath**, or **ar ball** are found:

Scríobh go luath.   Write soon.
Feicfidh mé ar ball sibh.   I'll see you soon.
Críochnóidh sé go gairid.   He'll finish soon.

These are more limited in function, can be ambiguous, and are often overused by learners. **Ar ball** is limited to contexts meaning 'in a short while, (after the utterance), and can also mean 'a short while earlier'. **Go luath** may be used when 'soon' refers to an action to be completed in the near future. In most contexts, however, **(go) luath** means 'fast', 'quickly', or 'early', rather than 'soon':

Tá an clog sin luath.	That clock is fast.
Ná bí ag tiomáint róluath.	Don't drive too fast.
D'imigh siad go luath.	They left early.

Exercises

1 Change the following 'cause' clauses from **ó** to **ós rud é go** and from **mar** to **mar gheall go** (or **toisc go**), with appropriate changes to the verb.

   1 Ní dheachaigh mé chuig an gcluiche, ó bhí an aimsir go dona.
   2 Is maith liom an siopa sin, mar díolann siad éadaí deasa.
   3 Tá súil againn go gcuirfidh sé báisteach, mar teastaíonn sí.
   4 Ó labhair siad Gearmáinis, níor thuig mé focal.
   5 Feicfidh tú arís í, mar tiocfaidh sí anseo arís an mhí seo chugainn.
   6 Tá áthas ar na daltaí mar d'éirigh go maith leo sa scrúdú.
   7 Tá Peige cantalach ó dhóigh sí an béile.
   8 Rachaidh mé chuig an dráma ó mholann tú é.
   9 Ní bheidh mé ag obair an tseachtain seo chugainn, mar beidh mé ar saoire.
  10 Ní thiocfaidh mé leat chuig an scannán mar chonaic mé cheana é.

2 Make both verbs in each sentence negative.

   1 Tá mise sásta nuair atá tusa sásta.
   2 Ghlaoigh siad orainn toisc go raibh siad ag iarraidh muid a fheiceáil.
   3 Tabharfaidh mé cúnamh duit, mar gheall air go bhfuil mé in ann.
   4 Fad is a bheidh stailc ar siúl, beidh imní ar na bainisteoirí.
   5 Nuair a labhraíonn tú go mall, tuigim go maith.
   6 Ós rud é go bhfuil an lá go breá, rachaidh mé go dtí an trá.
   7 Toisc go bhfuil sé ag saothrú neart airgid, cheannaigh sé carr nua.
   8 Mar gheall go bhfuil Fraincis agam, is féidir liom caint le Pierre.
   9 Éirím ag 6:00 nuair a bhuaileann an clog.
  10 Cé go raibh na daltaí socair, bhí an múinteoir crosta.

3 Finish the following sentences as you wish, remembering to choose **go** or **a** before the verb, when needed.

   1 Tá mé ag fanacht go dtí
   2 Níor tháinig mo chairde, toisc

3 Íosfaidh muid chomh luath is
4 Is féidir leat fanacht anseo fad is
5 Bhí Brídín ag caoineadh mar
6 Tosóidh an cluiche chomh luath is
7 Feicfidh mé sibh nuair
8 Níor labhair sé liom cé
9 Níl duine ar bith ag obair ó
10 Tá sé ag ól deoch eile, cé

4 Change the sentences below to ones that express 'soon' with the predicate **is gearr go** or **ní fada go**.

1 Tiocfaidh sé ar ais ar ball.
2 Gheobhaidh tú scéala uathu go gairid.
3 Tháinig an cigire tamall beag ina dhiaidh sin.
4 D'ith sé an iomarca, agus bhí sé tinn roimh i bhfad.
5 Críochnóidh mé an obair seo go luath.
6 Tosaigh sé ag obair ann anuraidh agus fuair sé ardú pá go luath.
7 Beidh an samhradh ag teacht go luath agus beidh áthas orm.
8 Buailfidh mé leat go gairid.
9 Beidh an dinnéar réidh ar ball.
10 Scríobhfaidh mé go luath.

5 Translate the following.

1 When you see Muiris, tell him to call me.
2 You can stay as long as you want.
3 He didn't help me, although he was able to.
4 I don't have a car because I can't drive.
5 Wait till you hear this!
6 We can leave as soon as you are ready.
7 Since you know the song, will you teach it to me?
8 As soon as I get news from Cáit, I'll tell you it.
9 Although she was sick, she went to work anyway.
10 I'm very tired today, because I stayed up too late last night.

Answers to exercises

1 1 Ní dheachaigh mé chuig an gcluiche, ós rud é go raibh an aimsir go dona. 2 Is maith liom an siopa sin, mar gheall go ndíolann (toisc go ndíolann) siad éadaí deasa. 3 Tá súil againn go gcuirfidh sé báisteach, mar gheall (toisc) go dteastaíonn sí. 4 Ós rud é gur labhair siad Gearmáinis, níor thuig mé focal. 5 Feicfidh tú arís í, mar gheall (toisc)

go dtiocfaidh sí anseo arís an mhí seo chugainn. 6 Tá áthas ar na daltaí mar gheall gur éirigh go maith leo sa scrúdú. 7 Tá Peige cantalach ós rud é gur dhóigh sí an béile. 8 Rachaidh mé chuig an dráma ós rud é go molann tú é. 9 Ní bheidh mé ag obair an tseachtain seo chugainn, mar gheall (toisc) go mbeidh mé ar saoire. 10 Ní thiocfaidh mé leat chuig an scannán mar gheall (toisc) go bhfaca mé cheana é.

2 1 Níl mise sásta nuair nach bhfuil tusa sásta. 2 Níor ghlaoigh siad orainn toisc nach raibh siad ag iarraidh muid a fheiceáil. 3 Ní thabharfaidh mé cúnamh duit, mar gheall air nach bhfuil mé in ann. 4 Fad is nach mbeidh stailc ar siúl, ní bheidh imní ar na bainisteoirí. 5 Nuair nach labhraíonn tú go mall, ní thuigim go maith. 6 Ós rud é nach bhfuil an lá go breá, ní rachaidh mé go dtí an trá. 7 Toisc nach bhfuil sé ag saothrú neart airgid, níor cheannaigh sé carr nua. 8 Mar gheall nach bhfuil Fraincis agam, ní féidir liom caint le Pierre. 9 Ní éirím ag 6:00 nuair nach mbuaileann an clog. 10 Cé nach raibh na daltaí socair, ní raibh an múinteoir crosta.

3 Sample sentences: 1 Tá mé ag fanacht go dtí go mbeidh mé réidh. 2 Níor tháinig mo chairde, toisc go raibh an t-eitleán mall. 3 Íosfaidh muid chomh luath is a bheidh (bheas) an fheoil réidh. 4 Is féidir leat fanacht anseo fad is atá tú ag iarraidh (or fad agus is maith leat). 5 Bhí Brídín ag caoineadh mar ghortaigh sí í féin. 6 Tosóidh an cluiche chomh luath is a thiocfaidh (thiocfas) an captaen. 7 Feicfidh mé sibh nuair a thiocfaidh (thiocfas) sibh arís. 8 Níor labhair sé liom cé go bhfuil aithne mhaith agam air. 9 Níl duine ar bith ag obair ó tháinig Séamas. 10 Tá sé ag ól deoch eile cé go bhfuil sé caochta.

4 1 Is gearr go dtiocfaidh sé ar ais. (Ní fada go dtiocfaidh sé ar ais) 2 Is gearr go bhfaighidh tú scéala uathu. 3 Ba ghearr gur tháinig an cigire. 4 D'ith sé an iomarca, agus ba ghearr go raibh sé tinn. 5 Is gearr go gcríochnóidh mé an obair seo. 6 Thosaigh sé ag obair ann anuraidh agus ba ghearr go bhfuair sé ardú pá. 7 Is gearr go mbeidh an samhraidh ag teacht agus beidh áthas orm. 8 Is gearr go mbuailfidh mé leat. 9 Is gearr go mbeidh an dinnéar réidh. 10 Is gearr go scríobhfaidh mé.

5 1 Nuair a fheicfidh tú Muiris, abair leis glaoch a chur orm. 2 Is féidir leat fanacht chomh fada agus is maith leat. 3 Níor thug sé cúnamh dom, cé go raibh sé in ann. 4 Níl carr agam mar níl mé in ann tiomáint (mar gheall nach bhfuil . . ., toisc nach bhfuil . . .) 5 Fan go gcloisfidh tú é seo! 6 Is féidir linn imeacht chomh luath is a bheas (bheidh) tú réidh. 7 Ós rud é go bhfuil an t-amhrán ar eolas agat/go bhfuil eolas agat ar an amhrán, an múinfidh tú dom é? 8 Chomh luath is a bhfaighidh mé scéala ó Cháit, inseoidh mé duit é. 9 Cé go raibh sí tinn, chuaigh sí ag obair mar sin féin. 10 Tá mé an-tuirseach inniu, mar d'fhan mé i mo shuí ródheireanach aréir (mar gheall gur fhan, toisc gur fhan).

UNIT EIGHT
Directional adverbs I

Irish has a set of location adverbs which change form according to whether they are used to indicate motion or position, and according to the perspective taken by the speaker. These will be discussed in this and the following unit.

In, out, and home

The simplest cases include the adverbs meaning 'in', 'out' and 'home'. These have two forms each, one to designate the location of some individual and the other for motion in that particular direction.

Position		Motion	
istigh	inside	**isteach**	inward
amuigh	outside	**amach**	outward
sa bhaile } at home		**abhaile**	homeward
sa mbaile }			

The same distinction can be made in English, as the above translations indicate, but it usually isn't. In Irish, the distinction is obligatory.

An bhfuil Mairéad istigh?	Is Mairéad in?
Chuamar isteach.	We went in.
Téigh amach agus fan amuigh.	Go out and stay out.
Tá a mac sa mbaile.	Her son is at home.
Tá mé ag dul abhaile.	I'm going home.

Amuigh and **istigh** are often reinforced with **taobh** to give the meanings 'outside' and 'inside'.

Tá sé rófhuar taobh amuigh, ach tá sé go deas taobh istigh.
It's too cold outside, but it's nice inside.

Up and down

To express 'up' and 'down', still more distinctions are made, illustrated in the table below. Generally speaking, forms beginning with *th* indicate position without movement, those with *s* indicate movement away from the speaker, and those beginning with *an* signal motion toward the speaker. The remainder of each form shows the general direction that is the focus of attention: *-uas* is above, and *-íos* is below. Note, however, that the English translation doesn't always match these forms, since **anuas** and **aníos** include information about the speaker's perspective and the starting point, whereas the English forms signal only an absolute direction from the mover's point of view.

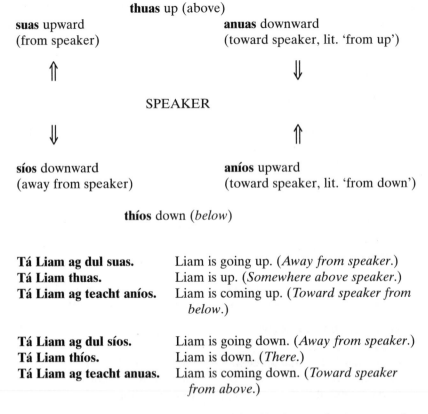

thuas up (above)

suas upward   **anuas** downward
(from speaker)   (toward speaker, lit. 'from up')

⇑   ⇓

SPEAKER

⇓   ⇑

síos downward   **aníos** upward
(away from speaker)   (toward speaker, lit. 'from down')

thíos down (below)

Tá Liam ag dul suas.	Liam is going up. (*Away from speaker.*)
Tá Liam thuas.	Liam is up. (*Somewhere above speaker.*)
Tá Liam ag teacht aníos.	Liam is coming up. (*Toward speaker from below.*)
Tá Liam ag dul síos.	Liam is going down. (*Away from speaker.*)
Tá Liam thíos.	Liam is down. (*There.*)
Tá Liam ag teacht anuas.	Liam is coming down. (*Toward speaker from above.*)

The choice of verb, *go* or *come*, helps to identify the speaker's perspective and force one adverb or the other. But in other cases, where the speaker's orientation isn't part of the verb's meaning, different adverbs may be used with the same verb, signaling the speaker's location with respect to the action:

Titfidh tú síos.	You'll fall down. (*Speaker is above listener or they are on the same level.*)
Titfidh tú anuas.	You'll fall down. (*Listener is above speaker.*)

Even the positional forms can be used with verbs of motion, as long as the motion isn't directional:

Tá siad ag damhsa thuas.	They're dancing up there.
Tá siad ag rith amuigh.	They're running outside. (*They're already outside, running in no particular direction.*)

Contrast:

Tá siad ag rith amach.	They're running out. (*From inside.*)

Back and forth

Other adverbs showing the same three-way distinction indicate general directionality toward or away from the speaker. These are distributed as schematized below.

SPEAKER
abhus here, on this side   **thall** yonder, over there
   ag dul anonn/sall going over there $\Rightarrow$
   ag teacht anall coming back from there $\Longleftarrow$

Brúigh anonn.
Move (lit. 'push') over.

Tar anall.
Come over here. (*From over there.*)

Bíonn sí ag siúl anonn is anall.
She keeps walking back and forth.

Chuaigh siad sall anuraidh agus níor tháinig siad anall fós.
They went over[*seas*] last year and haven't come back yet.

Tá teach beag acu thall i Sasana, agus tá ceann mór abhus.
They have a small house over in England and a big one over here.

Curiously, these terms can be used to signal directionality both in relatively small spaces and across national boundaries, but not in between. Thus, **thall** could refer to a location across the room or, if outdoors, a location still within sight of the speaker. Alternatively, it could refer (for a speaker in Ireland) to America, England, etc., but generally not to somewhere in the next county. For that, the compass points, which will be introduced in the next unit, are used.

Other perspectives

For convenience, we have been defining the directional vocabulary in terms of the speaker's perspective. It is possible, however, for the speaker to shift perspective to that of another individual in the course of a narrative, changing the adverb choice accordingly. In a narrative about a different time and place, the perspective of one of the participants in the story rather than that of the storyteller might be used as the basis for the adverbs. For example, suppose the participants in a conversation in Ireland are talking about events that happened to others in North America. A son has traveled to Ireland from Canada, and the family members are waiting for him to come back. The speaker in Ireland might say:

Ní raibh siad sásta go ndeachaigh sé anonn; tá súil acu fós go dtiocfaidh sé anall.
They weren't happy that he went over (*to Ireland*); they're still hoping that he will come back.

From the speaker's perspective Ireland (**anonn** in the story) is **abhus**, since that is where the conversation takes place, and Canada is **thall**. But it is the perspective of the family in Canada that determined the adverbs chosen in this narrative.

Similarly, variant possibilities between the **s** forms and the **a** forms show different perspectives:

Chuir mé an buicéad síos/anuas ar an urlár.
I put the bucket down on the floor.

Síos is the form expected from the point of view of the speaker (or the starting point of the bucket), but **anuas** suggests the perspective of the floor where it ended up.

Because of the possibility of changing perspective, choices can get complex. In most cases, the perspective of the speaker, or else the subject of the verb, will be adequate to decide which form to use. Listening to the usage of native speakers whenever possible will help learners develop a feel for more specialized uses of directionals.

Exercises

1 Look at the picture below and fill in the blanks on the dialogue and following sentences with **istigh**, **isteach**, **amuigh** or **amach**.

1 Feiceann beirt fhear an teach ósta. Tá siad ar an taobh_____.
2 Tá duine acu ag iarraidh a dhul _____ann.
3 Nuair a bheas siad_____, a deir sé, beidh deoch agus craic acu.
4 Níl a chara sásta a dhul_____ mar ní ólann sé, agus ní raibh sé
   _____i dteach ósta riamh.
5 Tá fear eile taobh _____agus tá deoch aige.
6 Tá sé ag breathnú_____ ón doras.
7 Tá sé ag caint leis na fir atá_____.
8 Deir sé go bhfuil sé chomh maith acu dul _____.
9 Tá an chraic go maith ar an taobh _____, a deir sé, agus ba
   cheart dóibh dul _____ agus gan fanacht _____.
10 Deir an fear a bhfuil an caipín air (=A) go bhfuil neart airgead
    aige, agus go mbeidh sé féin ag ceannach deoch do gach duine
    _____.

2 Fill in the blanks with **suas, thuas, anuas, síos, thíos** or **aníos**, as appropriate.

1   Tá Séamaisín _____ar an teach.

2   Chuaigh sé_____ leis an dréimire. agus tá sé sásta fanacht

    _____.

3   Tá sé ag breathnú _____ ar Cháit.

4   Tá Cáit _____ar an talamh, ag breathnú _____air.

5   Níl sise sásta ar chor ar bith go bhfuil sé _____, mar tá faitíos
    uirthi go dtitfidh sé _____.

6   Tá clocha beaga ag Séamaisín, agus tá sé á gcaitheamh _____
    ar Cháit .

7   Deir sé le Cáit teacht _____, ach níl sise sásta a dul _____.

8   Deir sise le Séamaisín teacht _____, ach tá seisean ag iarraidh
    fanacht _____.

9   Ach beidh aiféala ar Shéamaisín ar ball, mar tá madra _____ in
    aice leis an dréimire, agus leagfaidh sé é.

10 Nuair a bheas an dréimire _____, ní bheidh Séamaisín in ann
    teacht _____.

11 Beidh ocras air, freisin, ach ní bheidh sé in ann aon bhia a
    thabhairt _____.

12 Beidh air fanacht _____ go dtiocfaidh Maime nó Deaide
    abhaile, mar níl Cáit sách láidir leis an dréimire a chur _____
    arís.

3 Fill in the blanks in the following sentences.

1 Ná seas thall ansin. Tar _____, suigh _____ agus lig do scíth.
2 Seasaigí _____ nuair a thagann an príomhoide _____ sa
   seomra ranga.
3 D'fhág mé mo chóta _____ ar an mbinse sa ghairdín, agus
   fliuchadh é nuair a chuir sé báisteach.
4 Tá cúig sheomra codlata _____ staighre, agus tá cistin mhór
   _____ staighre le doras ar an ngairdín.
5 Thit an cat _____ i bpoll.
6 Tá éan _____ ar an gcrann; ní thiocfaidh sé _____.
7 Tá sé ag báisteach taobh _____; tar _____ agus fan
   _____.
8 Tóg _____ mála móna ón íoslach agus fág _____ansin é.
9 Tá muid ag fanacht leat ag an mbaile; cén uair a thiocfaidh tú
   _____?
10 Tá mo dheirfiúr _____ i Sasana; chuaigh sí _____anuraidh.
11 Tá bráillíní _____ sa chófra, ach tá siad ró-ard. An féidir leat
    iad a thógáil _____.
12 Tá tú ag caitheamh an iomarca ama sa teach; tar _____ liom
    anocht.

4 Translate.

1 Go out and take the clothes down from the line. Put them over
   there on the table.
2 I'm tired and I'd like to go home.
3 What's in there?
4 Will you put this bottle up on the shelf for me?
5 I saw Liam out under the tree but he's not there now. Did he
   come in?
6 Pick up a piece of wood from the basket and put it on the fire.
7 Call me tonight; I'll be at home.
8 Sinéad fell off a horse and broke her leg.
9 Where did you get that ugly thing? Put it down immediately!
10 The boys will be going over to New York in the summer. They'll
    be working over there. They'll come back at the beginning of
    September.

Answers to exercises

1 A says: 'Tá tart orm. Rachaimid isteach. Nuair a bheas muid istigh, beidh
   deoch againn.'

B says: 'Ní maith liom tithe ósta. B'fhearr liom fanacht amuigh.'
C says: 'Taraigí isteach. Tá sé go breá istigh. Ná fanaigí amuigh.'

1 Feiceann beirt fhear an teach ósta. Tá siad ar an taobh istigh. 2 Tá duine acu ag iarraidh a dhul isteach ann. 3 Nuair a bheas siad istigh, a deir sé, beidh deoch agus craic acu. 4 Níl a chara sásta a dhul isteach, mar ní ólann sé, agus ní raibh sé istigh i dteach ósta riamh. 5 Tá fear eile taobh istigh agus tá deoch aige. 6 Tá sé ag breathnú amach ón doras. 7 Tá sé ag caint leis na fir atá amuigh. 8 Deir sé go bhfuil sé chomh maith acu dul isteach. 9 Tá an chraic go maith ar an taobh istigh, a deir sé, agus ba cheart dóibh dul isteach agus gan fanacht amuigh. 10 Deir an fear a bhfuil an caipín air (=A) go bhfuil neart airgead aige, agus go mbeidh sé féin ag ceannach deoch do gach duine istigh.

2 Cáit says: 'Níor cheart duit a bheith thuas ansin! Tar anuas go beo!'
Séamaisín says: 'Níl mé ag iarraidh dul síos. Fanfaidh mé thuas anseo. Tar aníos! Tá sé go breá.'

1 Tá Séamaisín thuas ar an teach. 2 Chuaigh sé suas leis an dréimire, agus tá sé sásta fanacht thuas. 3 Tá sé ag breathnú síos ar Cháit. 4 Tá Cáit thíos ar an talamh, ag breathnú suas air. 5 Níl sise sásta ar chor ar bith go bhfuil sé thuas, mar tá faitíos uirthi go dtitfidh sé anuas. 6 Tá clocha beaga ag Séamaisín, agus tá sé á gcaitheamh síos ar Cháit. 7 Deir sé le Cáit teacht aníos ach níl sise sásta a dul suas. 8 Deir sise le Séamaisín teacht anuas, ach tá seisean ag iarraidh fanacht thuas. 9 Ach beidh aiféala ar Shéamaisín ar ball, mar tá madra thíos in aice leis an dréimire, agus leagfaidh sé é. 10 Nuair a bheas an dréimire thíos, ní bheidh Séamaisín in ann teacht anuas. 11 Beidh ocras air, freisin, ach ní bheidh sé in ann aon bhia a thabhairt aníos. 12 Beidh air fanacht thuas go dtiocfaidh Maime nó Deaide abhaile, mar níl Cáit sách láidir leis an dréimire a chur suas arís.

3 1 Ná seas thall ansin. Tar anall, suigh síos agus lig do scíth. 2 Seasaigí suas nuair a thagann an príomhoide isteach sa seomra ranga. 3 D'fhág mé mo chóta amuigh ar an mbinse sa ngairdín, agus fliuchadh é nuair a chuir sé báisteach. 4 Tá cúig sheomra codlata thuas staighre, agus tá cistin mhór thíos staighre le doras ar an ngairdín. 5 Thit an cat isteach (or síos) i bpoll. 6 Tá éan thuas ar an gcrann; ní thiocfaidh sé anuas. 7 Tá sé ag báisteach taobh amuigh; tar isteach agus fan istigh. 8 Tóg aníos mála móna ón íoslach agus fág thall ansin é. 9 Tá muid ag fanacht leat ag an mbaile; cén uair a thiocfaidh tú abhaile? 10 Tá mo dheirfiúr thall i Sasana. Chuaigh sí anonn anuraidh. 11 Tá bráillíní thuas sa chófra, ach tá siad ró-ard. An féidir leat iad a thógáil anuas? 12 Tá tú ag caitheamh an iomarca ama sa teach; tar amach liom anocht.

4 1 Téigh amach agus tabhair na héadaí anuas ón líne. Cuir thall ar an mbord iad. 2 Tá mé tuirseach agus ba mhaith liom dul abhaile. 3 Céard (cad, goidé) atá istigh ansin? 4 An gcuirfidh tú an buidéal seo suas ar an tseilf dom? 5 Chonaic mé Liam amuigh faoin gcrann, ach níl sé ansin anois. Ar tháinig sé isteach? 6 Tóg suas píosa adhmaid ón gciseán, agus cuir ar an tine é. 7 Cuir glaoch orm anocht; beidh mé sa bhaile. 8 Thit Sinéad anuas ó chapall agus bhris a cois. 9 Cá bhfuair tú an rud gránna sin? Cuir síos go beo é! 10 Beidh na buachaillí ag dul anonn go Nua Eabhrac sa samhradh. Beidh siad ag obair thall.Tiocfaidh siad anall ag tús Mheán Fómhair.

UNIT NINE
Directional adverbs II: the compass points

Like the directional adverbs in the previous lesson, terms referring to points of the compass have variant forms according to the nature of the action and the speaker's perspective. Parallel to the three-way division for 'up' and 'down' presented in the last unit, these are the terms for the directions:

Compass points

The primary compass points are given below.

	Location	*To (from speaker)*	*From (toward speaker)*
West	**thiar**	**siar**	**aniar**
East	**thoir**	**soir**	**anoir**
North	**ó thuaidh**	**ó thuaidh**	**aduaidh**
South	**ó dheas**	**ó dheas**	**aneas**

Directionals commonly accompany place names, although they are unlikely to be used in the English equivalent.

Tá Bairbre thoir i mBaile Átha Cliath.
Bairbre is (east) in Dublin.

Beidh mé ag dul siar go Gaillimh anocht.
I'm going (west) to Galway tonight.

If the precise location intended is clear to the interlocutors, only the compass point may be mentioned. When people living in County Meath, whose families came from Connemara and who maintain close ties there, use sentences like

Tá Seán imithe siar.   Sean has gone west.

it is understood that Seán has gone to Connemara. Similarly, a person from the Cork Gaeltacht living in Dublin might say the following of a proposed visit home and expect a specific village to be understood.

Beidh mé ag dul ó dheas amárach.   I'm going south tomorrow.

Intermediate directions

Directions between the compass points are expressed by compounds of two directions, as in English, but the order of elements is reversed (east–west precedes north–south). The second element is always the form in *a-*.

thiar aduaidh	in the northwest
soir aduaidh	to the northeast
aniar aneas	from the southwest

The same forms (*a-* = toward speaker) name the direction of the wind: **an ghaoth aniar** 'the west wind'. The following is one version of a common proverb found in slightly varying forms throughout Ireland:

An ghaoth aduaidh, bíonn sí cruaidh, is cuireann sí fuacht ar dhaoine,
the north wind is harsh and makes people cold,

An ghaoth aneas, bíonn sí tais, is cuireann sí rath ar shíolta,
the south wind is moist and brings abundance to seeds,

An ghaoth anoir, bíonn sí tirim, is cuireann sí brait ar chaoirigh,
the east wind is dry and puts coats on the sheep,

An ghaoth aniar, bíonn sí fial, is cuireann sí iasc i líonta.
the west wind is generous and puts fish in the nets.

Adjectives and nouns

An adjectival form of the compass points is used in place names. For 'east' and 'west', this is the same as the location adverbs above. For 'north' and 'south', the forms are **thuaidh** and **theas** respectively.

Conamara Thuaidh	North Connemara
Meiriceá Theas	South America
Afraic Theas	South Africa
Afraic Thiar	West Africa

Directional terms can also be used as nouns: 'There will be rain in the north tonight.' The nominal forms for the compass points are given below.

an Tuaisceart	the north
an Deisceart	the south
an tIarthar	the west
an tOirthear	the east

They are used with genitive forms of the places they are located in.

tuaisceart na hÉireann	the north of Ireland
iarthar Mheiriceá	the American west
deisceart na Fraince	the south of France
oirthear na hEorpa	eastern Europe

Giving directions

Compass points are commonly used in giving directions, especially by older people. It is not uncommon to hear **Cas siar** 'Turn west' given as a direction to a driver. It is simply expected that the directions are known, which can be disconcerting to a visitor. In urban areas and among younger speakers, directions such as left and right are also used:

Cas ar chlé.	Turn left.
Cas ar dheis.	Turn right.
Coinnigh ar aghaidh.	Keep going straight.

Descriptions of locations of one thing with respect to another use **taobh** with the appropriate directional term:

Tá Indreabhán taobh thiar den Spidéal.
Inverin is west of Spiddal.

Tá an Fhrainc taobh ó dheas de Shasana.
France is south of England.

Tá ár dteach ar an taobh ó thuaidh.
Our house is to the north (of something previously mentioned).

An alternative set of forms, available for all directional terms prefixes *las-* to the adverbs: **lastuaidh, lastiar, lastoir, laisteas**. Also **laistigh, lasmuigh, lastuas, laistíos**, etc.

Tá Indreabhán laistiar den Spidéal.   Inverin is west of Spiddal.

Metaphoric usage

In addition to referring to the compass points, directional terms have metaphoric uses. Assuming one is facing east, the south would be to one's right. In fact, the similarity of the term **deis** 'right' to **deas** 'south' is no accident; the terms are historically related. In a similar way, **siar**, **thiar** can be used to mean 'back' (in space or time).

> **Tá an stábla taobh thiar den teach.**
> The stable is behind the house.

> **Téann an scéal sin chomh fada siar le haimsir an Ghorta.**
> That story goes back to the time of the Famine.

Other directional terms have metaphoric or idiomatic uses in various set expressions as well. Some useful examples:

amach anseo	from now on
le deich mbliana anuas	for the past ten years
sa deireadh thiar thall	at long last

Due perhaps to a map-based metaphor, **suas** and **síos** are also common with place-names instead of compass points:

> **Rachaimid suas go Baile Átha Cliath.**
> Let's go up to Dublin.

These do not always correspond to directions on a map. Dublin, for example, is **thuas** not only from points south like Kerry, but also from Galway (due west) and Meath (northwest).

In fact, both **suas/síos** and the compass points may have conventionalized usages in Gaeltacht areas which are understood locally but are not obvious to anyone from outside the community (even other native speakers). For example, in the Meath Gaeltacht of Ráth Cairn, **siar** may refer to Connemara as noted above, but also to the nearest town center, Athboy. Some speakers also use it to refer to the house next door. Moreover, just as 'up the road' and 'down the road' may be interchangeable if the road in question is flat, so the use of **suas** or **síos** can be unpredictable in local contexts. In one family, people go **suas** to the community center at the end of their road, but if they continue on, turning right and right again at the next road to a relative's home, that is **síos**! Local conventions must therefore simply be learned as they are used in the particular locale.

Exercises

1 Assume that you are in Dublin. Fill in the blanks with appropriate directional adverbs.

   1 Beidh mé ag dul _____ go Béal Feirste amárach.
   2 Tiocfaidh mé _____ maidin Dé Luain.
   3 Rachaidh mé_____ go Conamara an mhí seo chugainn, agus fanfaidh mé trí seachtainí _____.
   4 Chuaigh muid _____ anuraidh, agus d'fhan coicís i gCiarraí.
   5 Tá mo dheirfiúr ina cónaí _____ i nDún na nGall.
   6 Tháinig mo chairde _____ as Co. Mhaigh Eo.
   7 Tá Baile Átha Cliath ar an gcósta _____ d'Éirinn.
   8 Tá an Cóbh ar an gcósta _____.
   9 Tá Gaillimh ar an gcósta _____.
  10 Tá Portrush ar an gcósta _____.

2 Assume that you are in Chicago, and fill in the blanks accordingly.

   1 Níl Milwaukee i bhfad _____ de Chicago.
   2 Tá San Francisco píosa maith _____ uainn.
   3 An raibh tú _____ i bhFlorida riamh?
   4 Is minic a théann mo mhuintir _____ go Ceanada ar saoire.
   5 Rachaidh mé _____go Nua Eabhrac an tseachtain seo chugainn.
   6 Fanfaidh mé seachtain _____, agus rachaidh mé _____ go Boston ag an deireadh seachtaine.
   7 Chomh luath is a thiocfaidh mé _____ ó Nua Eabhrac, beidh mé ag dul _____ go Los Angeles, agus fanfaidh mé coicís ar an gcósta _____.
   8 Chuaigh na páistí _____ go Disney World i bhFlorida lena Maimeo agus Daideo. Tiocfaidh siad _____ amárach.
   9 Tá Hawaii i bhfad _____ de Chalifornia.
  10 Bhí stoirm mhór uafásach _____ i New Orleans cúpla bliain ó shin.

3 If necessary, consult a map of Ireland for this exercise. Locate the place-names listed from the point of view of Áth Luain (Athlone), in the midlands. Use intermediate directions (such as southwest) as well as the main compass points.

   1 Baile Átha Cliath
   2 Corcaigh
   3 Béal Feirste
   4 Sligeach

    5 Loch Garman
    6 Trá Lí
    7 Gaillimh
    8 Doire
    9 An Cabhán
   10 Luimneach

4 For this and the following exercises, use the town map on p. 75.

   You have just arrived in town and are at the bus stop. In which direction
   are the following locations? The four main compass points are enough.

    1 stáisiún na ngardaí
    2 teach an phobail
    3 an bhialann
    4 an siopa
    5 oifig an phoist
    6 an pháirc peile
    7 tigh Dhonncha
    8 an leabharlann
    9 an bhunscoil
   10 an amharclann

5 Using full sentences, locate the member of each pair, with respect to the
   second. Use the intermediate points in this exercise when necessary. E.g.,

   oifig an phoist – teach ósta
   Tá oifig an phoist taobh ó thuaidh den teach ósta *Or*
   Tá oifig an phoist lastuaidh den teach ósta.

    1 an siopa bia – an pháirc peile
    2 an bhunscoil – tigh Phádraig
    3 an dochtúir – tigh Bhairbre
    4 an amharclann – oifig an phoist
    5 an halla – teach an phobail
    6 an siopa – an mheánscoil
    7 teach an phobail – an bhialann
    8 an bhunscoil – an teach ósta
    9 tigh Sheáinín Thomáis – tigh Chiaráin
   10 an leabharlann – an fón

6 Follow the directions given, and identify where they take you.

    1 Tá tú ag an stad bus. Siúil soir Sráid an Daingin. Cas ar chlé agus
       suas an bóthar. Téigh trasna na sráide. Cad atá ar an gcoirnéal ar
       thaobh na láimhe deise?

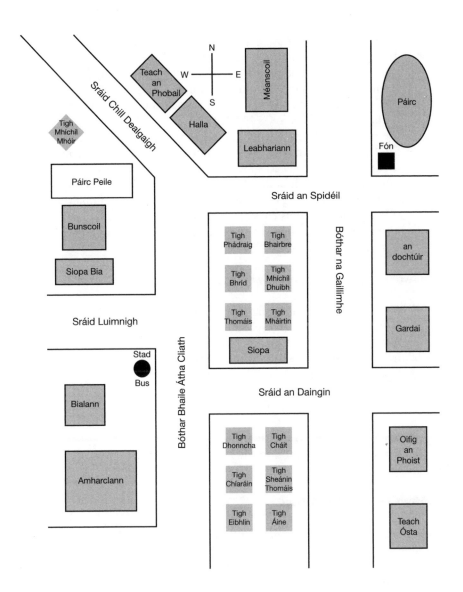

2   As sin, siúil siar. Cas ar dheis agus siúil go dtí an chéad teach ar thaobh na láimhe clé. Cén teach é?

3   Tá tú ag teach an phobail. Siúil síos an tsráid agus cas ar chlé. Ag an gcéad sráid eile, cas ar dheis agus siúil ó dheas go dtí sráid eile. Ar dheis arís, ansin ar chlé. Cas ar dheis arís ag an gcoirnéal, agus téigh isteach san áit atá ar an gcoirnéal. Cá bhfuil tú?

4   Tosaigh tigh Eibhlín. Siúil ó thuaidh, go dtí an chéad sráid, agus cas soir, agus o thuaidh arís. Buail isteach sa siopa, agus ansin coinnigh ort ar aghaidh go dtí an coirnéal. Cas ar chlé, agus ar dheis ag an gcéad sráid eile. Buail isteach san áit ar an taobh thiar ó dheas den sráid sin. Cá bhfuil tú?

5   Ón mbialann, téigh ag siúlóid beagán sula rachaidh tú abhaile. Siúil soir i dtosach, agus ansin ó thuaidh, chomh fada leis an meánscoil. Ar an gcéad sráid eile cas ar chlé agus ar chlé arís go mbeidh tú ag teacht anuas Sráid Chill Dealgaigh. Cas ó dheas ag an bpáirc peile agus síos an bóthar, trasna sráid amháin (atá ag dul siar) agus cas soir ar an gcéad sráid eile. Cas ar dheis ansin, thar dhá theach. Tá tú ag fanacht sa chéad teach eile. Cén teach é?

7   Give directions to someone who wants to go

   1   from the post office to the football field.
   2   from the theater to the secondary school.
   3   from the church to Ciarán's house.
   4   from the primary school to the post office.
   5   from Bairbre's house to the restaurant.
   6   from Eibhlín's house to the park.
   7   from the pub to the food store.
   8   from the doctor's to Tomás' house.
   9   from the library to the shop.
   10 from the garda station to Mícheál Mór's house.

Answers to exercises

1   1 Beidh mé ag dul ó thuaidh go Béal Feirste amárach. 2 Tiocfaidh mé aduaidh maidin Dé Luain. 3 Rachaidh mé siar go Conamara an mhí seo chugainn, agus fanfaidh mé trí seachtainí thiar. 4 Chuaigh muid ó dheas anuraidh, agus d'fhan coicís i gCiarraí. 5 Tá mo dheirfiúr ina cónaí ó thuaidh i nDún na nGall. 6 Tháinig mo chairde aniar as Co. Mhaigh Eo. 7 Tá Bailé Átha Cliath ar an gcósta thoir d'Éirinn. 8 Tá an Cóbh ar an gcósta theas. 9 Tá Gaillimh ar an gcósta thiar. 10 Tá Portrush ar an gcósta thuaidh.

2 1 Níl Milwaukee i bhfad ó thuaidh de Chicago. 2 Tá San Francisco píosa maith thiar uainn. 3 An raibh tú ó dheas i bhFlorida riamh? 4 Is minic a théann mo mhuintir ó thuaidh go Ceanada ar saoire. 5 Rachaidh mé soir go Nua Eabhrac an tseachtain seo chugainn. 6 Fanfaidh mé seachtain thoir, agus rachaidh mé ó thuaidh go Boston (as Nua Eabhrac) ag an deireadh seachtaine. 7 Chomh luath is a thiocfaidh mé anoir ó Nua Eabhrac, beidh mé ag dul siar go Los Angeles, agus fanfaidh mé coicís ar an gcósta thiar. 8 Chuaigh na páistí ó dheas go Disney World i bhFlorida lena Maimeo agus Daideo. Tiocfaidh siad aneas amárach. 9 Tá Hawaii i bhfad thiar aneas de Chalifornia. 10 Bhí stoirm mhór uafásach ó dheas i New Orleans cúpla bliain ó shin.

3 1 Baile Átha Cliath – thoir 2 Corcaigh – ó dheas 3 Béal Feirste – thoir aduaidh 4 Sligeach – thiar aduaidh 5 Loch Garman – thoir aneas 6 Trá Lí – thiar aneas 7 Gaillimh – thiar 8 Doire – ó thuaidh 9 An Cabhán – thoir aduaidh 10 Luimneach – thiar aneas

4 1 stáisiún na ngardaí – thoir 2 teach an phobail – ó thuaidh 3 an bhialann – thiar 4 an siopa – thoir 5 oifig an phoist – thoir 6 an pháirc peile – ó thuaidh 7 tigh Dhonncha – ó dheas 8 an leabharlann – ó thuaidh 9 an bhunscoil – ó thuaidh 10 an amharclann – ó dheas

5 1 Tá an siopa bia taobh ó dheas (laisteas) den pháirc peile. 2 Tá an bhunscoil taobh thiar (laistiar) de thigh Phádraig. 3 Tá an dochtúir taobh thoir (lastoir) de thigh Bhairbre. 4 Tá an amharclann taobh thiar (laistiar) d'oifig an phoist. 5 Tá an halla thoir aneas de theach an phobail. 6 Tá an siopa taobh ó dheas (laisteas) den mheánscoil. 7 Tá teach an phobail taobh ó thuaidh den bhialann. 8 Tá an bhunscoil thiar aduaidh den teach ósta. 9 Tá tigh Sheáinín Thomáis taobh thoir (lastoir) de thigh Chiaráin. 10 Tá an leabharlann taobh thiar (laistiar) den fhón.

6 1 an fón 2 tigh Mhíchíl Mhóir 3 an amharclann 4 an pháirc peile 5 tigh Áine

7 The following are samples only. Other routes are possible. 1 Siúil ó thuaidh go Sráid an Spidéil, agus cas ar chlé. Ag an gcoirnéal, feicfidh tú an pháirc peile trasna an bhóthair. 2 Téigh ó thuaidh ar Bhóthar Bhaile Átha Cliath agus cas ar dheis ar Shráid an Daingin. Ar chlé ar Bhóthar na Gaillimhe agus trasna Sráid an Spidéil. Tá an mheánscoil ar thaobh na láimhe clé, taobh ó thuaidh den leabharlann. 3 Siúil síos Sráid Chill Dealgaigh agus cas ar dheis. Rachaidh tú trasna dhá shráid agus is é tigh Chiaráin an dara teach ar thaobh na láimhe clé. 4 Téigh ó dheas ar Bhóthar Bhaile Átha Cliath go Sráid an Daingin agus cas ar chlé. Tá oifig an phoist ag an gcéad chrosbhóthar eile, ar an gcoirnéal thoir aneas.

5 Siúil ó dheas ar Bhóthar na Gaillimhe, agus cas ar dheis ar Shráid an Daingin. Siúil siar sráid amháin. Tá an bhialann ar an taobh eile de Bhóthar Bhaile Átha Cliath. 6 Siúil ó thuaidh ar Bhóthar Bhaile Átha Cliath, trasna Sráid an Daingin agus Sráid Luimnigh. Cas ar dheis ar Shráid an Spidéil, agus siúil soir go Bóthar na Gaillimhe. Cas ar chlé. Tá an pháirc ar thaobh na láimhe deise. 7 Suas Bóthar na Gaillimhe, agus cas ar chlé ar Shráid an Daingin, agus ar dheis ar Bhóthar Bhaile Átha Cliath. Coinnigh ort ó thuaidh go Sráid Luimnigh, agus cas ar chlé. Beidh an siopa bia ar thaobh na láimhe deise. 8 Téigh ó dheas, agus cas ar dheis ar Shráid an Daingin agus ar dheis arís ar Bhóthar Bhaile Átha Cliath. Tá tigh Thomáis ar thaobh na láimhe deise, in aice leis an siopa. 9 Téigh díreach ó dheas ar Bhóthar na Gaillimhe. Tá an siopa ar choirnéal Bhóthar na Gaillimhe agus Sráid an Daingin. 10 Siúil suas Bóthar na Gaillimhe agus cas ar chlé ar Shráid an Spidéil. Siúil siar. Nuair a fheicfidh tú an pháirc peile díreach ar aghaidh, cas ar dheis. Tá tigh Mhíchíl díreach taobh ó thuaidh den pháirc peile.

UNIT TEN
Comparisons

This unit and the next return to adjectives and adverbs, presenting comparative forms and their usage. The forms known as comparative and superlative are identical in Irish, differing only in how they are used in sentences.

Comparative structures and forms

Both adjectives and adverbs mark comparison with an ending plus the preceding comparative marker **níos** (replacing **go** in compared adverbs). The standard against which the comparison is made, if mentioned, is marked by **ná**.

Tá Áine níos óige ná Seán.	Áine is younger than Seán.
Téann carr níos scioptha ná capall.	A car goes faster than a horse.

The comparative suffix is relatively simple, usually resembling the feminine genitive ending (see *Basic Irish*, Unit 6). The most common form is *-e* with slenderization of a preceding consonant; the regular vowel losses and changes from *ea* to *i* or *ei* that have been seen before with suffixes are also found, as shown below.

ard	**airde**	high
fiáin	**fiáine**	wild
bocht	**boichte**	poor
sean	**sine**	old
geal	**gile**	bright
deas	**deise**	nice
íseal	**ísle**	low
domhain	**doimhne**	deep

Sometimes there may be both a change in one vowel and loss of another:

leathan	**leithne**	wide

Slender *l* or *r* is broadened and *-a* added; short unstressed vowels are dropped.

suimiúil	**suimiúla**	interesting
cóir	**córa**	just
socair	**socra**	quiet
deacair	**deacra**	difficult

Adjectives ending in a vowel do not typically change form in comparisons.

blasta	**blasta**	tasty

Irregular comparatives

A few adjectives have irregular comparative forms. **Níos** accompanies these exactly as for regular forms. These are the most common:

maith	**fearr**	good
dona	**measa**	bad
mór	**mó**	big
beag	**lú**	small
furasta	**fusa**	easy
gearr	**giorra**	short
fada	**faide**	long
te	**teo**	hot

Copula

More rarely, the comparative form, without **níos**, is used following the copula:

Is óige Áine ná Seán.
Áine is younger than Seán.

Is sciopta a chuaigh an carr ná an capall.
The car went faster than the horse.

This form is particularly favored in proverbs. Just a few are provided here.

Is treise toil ná tuiscint.
Will is stronger than understanding.

Is measa na mná ná an t-ól.
Women are worse than drink.

Is fearr Gaeilge bhriste ná Béarla cliste.
Better broken Irish than clever English.

Is fearr cara sa chúirt ná bonn sa sparán.
A friend in the court is better than a coin in the purse.

Is géire i bhfad an tsúil atá sa chlúid ná dhá shúil ar fud an tí.
The eye in the corner is much sharper than two eyes throughout the house.

It is used when the adjective is part of the phrase containing the noun it modifies:

Feicfidh tú daoine is boichte ná Eoin.
You'll see poorer people than Eoin.

Past tense

Because it is historically derived from the copula **is**, **níos** has a past-tense form **ní ba** (**níb** before a vowel or *fh*), which lenites the first consonant of the adjective. It is used in past or conditional contexts.

Bhí sé níb fhuaire i mbliana ná anuraidh.
It was colder this year than last.

This usage is not universally observed, and younger speakers especially use **níos** frequently in these cases.

Níos mó

In addition to their adjective meaning of 'bigger' and 'smaller', **níos mó** and **níos lú** are also used for comparison of quantities, in the sense of 'more' and 'less'.

Ba cheart dó níos lú a ithe.	He should eat less.
Tá níos mó ag teastáil uainn.	We need more.

Níos mó is the more commonly used. In the sentences above, they replace nouns, but can also be used to quantify a noun in the genitive case.

Teastaíonn níos mó airgid uaim.	I need more money.
Léim níos mó úrscéalta ná tusa.	I read more novels than you.
Tá níos lú daoine anseo anocht ná aréir.	Fewer people are here tonight than last night.

Finally, **níos mó** has adverbial functions in the following:

Ní thagann sé níos mó.	He doesn't come any more.
Taitníonn sé liomsa níos mó ná leatsa.	I like it more than you do.
Léim úrscéalta níos mó ná filíocht.	I read novels more than poetry.

Superlatives

Superlative forms in English end in '-est': 'biggest', 'best'. In Irish, they have the same form as other comparatives. The primary difference is that no standard of comparison is mentioned; if something is best, then it's better than all competitors, so there's no need to mention them. Superlatives always form a phrase with the noun they modify (i.e., are not used as predicates, as in 'I am youngest'), and are preceded by **is**.

an gasúr is óige	the youngest child
an carr is scioptha	the fastest car

The past form is **ba** with lenition (**ab** before vowels).

B'í Áine an cailín ba dheise.	Áine was the nicest girl.
B'í Áine an cailín ab óige.	Áine was the youngest girl.

Superlatives used as adverbs are generally part of a relative clause modifying some noun. They appear at the beginning of the clause, like the focus structures of Unit 3:

Sin é an capall is scioptha a ritheann.
That is the horse that runs the fastest.

An tusa an duine is minice a thaganns anseo?
Are you the person who comes here most often?

As an adverb meaning 'the most', **is mó** has the same structure.

Maitiú an duine is mó a thaitníonn liom.
Maitiú is the person I like the most.

Equality

Equality of a characteristic is expressed by **chomh ... le**.

Tá Bríd chomh mór le Tomás.	Bríd is as big as Tomás.
Tá sé sin chomh daor le carr.	That's as expensive as a car.
Níl mise chomh hóg leatsa.	I'm not as young as you.

Note that **chomh** causes *h* to be prefixed to a word beginning with a vowel.

Chomh refers to equality with a previously mentioned individual or characteristic:

Níl sé chomh daor sin.	It's not that expensive.
Tá Máirín chomh mór céanna.	Máirín is just as big.

Chomh also occurs with an adjective in questions, followed either by **le** or by a relative clause:

Cé chomh daor leis?	How expensive is it?
Cé chomh saibhir atá siad?	How rich are they?

Clausal comparisons

When the standard against which one is making the comparison requires an entire sentence rather than just a noun, this is expressed by a relative clause following **ná**, optionally preceded by **mar**.

Tá an bia níos measa anseo ná mar atá sé tigh Chiaráin.
The food is worse here than it is at Ciarán's.

Tá an aimsir níos fearr i mbliana ná mar a bhí sí anuraidh.
The weather is better this year than it was last year.

Cheap mé go raibh an scannán níos fearr ná a dúirt na léirmheasanna.
I thought the film was better than the reviews said.

To follow **chomh** + adjective with a sentence, **is** precedes the relative clause, replacing **le**.

Níl an capall sin chomh sciobtha is a bhí sé.
That horse isn't as fast as he was.

Níl mé ag iarraidh fanacht ann chomh fada is atá tusa.
I don't want to stay there as long as you do.

Exercises

1 Change the comparatives with **is** to comparatives with **níos**. E.g., Is fearr bainne ná uisce → Tá bainne níos fearr ná uisce.

  1 Is casta an cheist seo ná an cheist eile.
  2 Is faide uainn an Rúis ná an Fhrainc.
  3 Is giorra an t-achar go Londain ná go Moscó.
  4 Is fusa an Fhraincis ná an Béarla.
  5 Is measa an teas ná an fuacht.
  6 Is luaithe an t-eitleán ná an bus.
  7 Is milse cáca ná torthaí.
  8 Is mó an Fhrainc ná Éire.
  9 Is fearr a bheith saibhir ná a bheith bocht.
  10 Is gile an ghrian ná an ghealach.
  11 Is teo Meiriceá ná Sasana.
  12 Is lú luch ná cat.
  13 Is saibhre Seoirse ná Risteard.
  14 Is áille Mairéad ná Gráinne.

2 Fill in the comparative form of the adjective.

  1 Tá madraí glic ach tá cait níos _____.
  2 Tá Máirtín tinn, ach tá Fearghal níos _____.
  3 Tá tusa cinnte. Tá mise níos _____.
  4 Tá Sasana fuar. Tá an Fhionlainn níos _____.
  5 Tá an Rúisis deacair, ach tá an tSínis níos _____.
  6 Tá na bóithre cúng sa Spidéal, ach tá siad níos _____ i dTír an Fhia.
  7 Tá an chistin glan, ach tá an seomra codlata níos _____.
  8 Imríonn Cathal go maith ach imríonn Mícheál níos _____.
  9 Tá an gúna daor, ach tá an cóta níos _____.
  10 Tá an cnoc ard, ach tá an sliabh níos _____.
  11 Tá Donncha mór, ach tá Síle níos _____.
  12 Tá an loch domhain, ach tá an fharraige níos _____.
  13 Tá an Life leathan, ach tá an Mississippi níos _____.
  14 Tá an chathair go deas, ach tá an Ghaeltacht níos _____.
  15 Tá Peige ciúin, ach tá Máire níos _____.

3 Change the following sentences to superlatives. E.g., Tá an teach seo níos fearr ná teach ar bith eile. → Seo é an teach is fearr.

  1 Tá an bia seo níos saoire ná bia ar bith eile.
  2 Tá an áit sin níos deise ná áit ar bith eile.
  3 Tá an seomra sin níos teo ná seomra ar bith eile.

4 Tá an bhean seo níos cliste ná bean ar bith eile.
5 Tá an t-ábhar sin níos fusa ná ábhar ar bith eile.
6 Tá na héadaí sin níos tirime ná éadaí ar bith eile.
7 Tá an damhsa sin níos briomhaire ná damhsa ar bith eile.
8 Tá an bóthar sin níos faide ná bóthar ar bith eile.
9 Tá an gasúr sin níos óige ná gasúr ar bith eile.
10 Tá an mhí seo níos fliche ná mí ar bith eile.

4 Make the following sentences superlative. E.g., Níl duine ar bith chomh mór le Peadar. → 'Sé Peadar an duine is mó.

1 Níl scéal ar bith chomh dona leis an scéal sin.
2 Níl duine ar bith chomh leisciúil leatsa.
3 Níl feirmeoir ar bith chomh saibhir le Pádraig.
4 Níl scian ar bith chomh géar leis an scian seo.
5 Níl tír eile chomh híseal leis an Ollainn.
6 Níl páiste ar bith sa scoil chomh hóg le Tomás.
7 Níl rud ar bith chomh bán le sneachta úr.
8 Níl sráid ar bith chomh cam le Sráid Lombard i San Francisco.
9 Níl bia ar bith chomh blasta le gliomach.
10 Níl duine ar bith chomh sean liomsa.

5 Fill the blank with the correct word from among the following: le, leis, is, sin, or céanna.

1 Níl an fhisic chomh furasta _____ an gceimic.
2 Tá an fheoil go maith agus tá an t-iasc chomh maith _____.
3 Níl Tadhg chomh mór _____ hÉanna.
4 Níl sé chomh te _____ a bhí sé inné.
5 Tá Baile Átha Cliath céad míle as an áit seo. Ní raibh a fhios agam go raibh sé chomh fada _____.
6 Tá an lá inniu chomh gránna _____ a bhí riamh.
7 Nach bhfuil Máire chomh deas _____ Bríd?
8 Níl tusa chomh cantalach _____ atá Maime.
9 Tá an aimsir chomh dona _____ nach bhfuil muid in ann a dhul amach.
10 Ní bheidh an geimhreadh chomh fuar _____ a bhí sé anuraidh.
11 Tá an Béarla furasta; an bhfuil an Ghearmáinis chomh furasta _____?
12 Bhí an carr chomh luath _____ an mbus.
13 Tá mise chomh tuirseach _____ atá tusa.
14 Níl duine ar bith chomh leisciúil _____ Tomás.
15 Tá do mhúinteoir go hiontach, ach tá mo mhúinteoirse chomh hiontach_____.

6   Change the following sentences to the past tense.

   1   Tá do scéal aisteach, ach tá an scéal is aistí agamsa.
   2   Tá Gaillimh plódaithe, ach tá Baile Átha Cliath níos plódaithe fós.
   3   Is fearr deireanach ná go brách.
   4   Is iad na drochuibheacha an boladh is measa.
   5   Sé do chapallsa an capall is scioptha a ritheann.
   6   Is deacra an rang sin ná rang ar bith eile.
   7   Tá an geimhreadh níos fuaire i mbliana ná riamh.
   8   Ní thiocfaidh sé ar ais níos mó.
   9   Antaine an duine is mó a chuireann as dom.
  10   Casann Ciarán go maith, ach casann Caitríona níos fearr.

7   Translate.

   1   Both play and education are important for children; which is the most important, do you think?
   2   Rhode Island is the smallest state in the USA.
   3   He runs as fast as the wind.
   4   Stiofán is thinner than he was, but he's not as thin as Caoimhín.
   5   Maybe you are strong, but I'm just as strong.
   6   I'm not as certain as I'd like to be about this.
   7   Diarmaid is a good storyteller, but I don't know if he is the best one. Conchúr has better Irish.
   8   Éamonn won the prize, because he is the man who sang the best.
   9   Are you ready? I'm as ready as I'll ever be.
  10   I've read worse books, but I've never read a longer one.

Answers to exercises

1   1 Tá an cheist seo níos casta ná an cheist eile. 2 Tá an Rúis níos faide uainn ná an Fhrainc. 3 Tá an t-achar níos giorra go Londain ná go Moscó. 4 Tá an Fhraincis níos fusa ná an Béarla. 5 Tá an teas níos measa ná an fuacht. 6 Tá an t-eitleán níos luaithe ná an bus. 7 Tá cáca níos milse ná torthaí. 8 Tá an Fhrainc níos mó ná Éire. 9 Tá sé níos fearr a bheith saibhir ná a bheith bocht. 10 Tá an ghrian níos gile ná an ghealach. 11 Tá Meiriceá níos teo ná Sasana. 12 Tá luch níos lú ná cat. 13 Tá Seoirse níos saibhre ná Risteard. 14 Tá Mairéad níos áille ná Gráinne.

2   1 Tá madraí glic ach tá cait níos glice. 2 Tá Máirtín tinn, ach tá Fearghal níos tinne. 3 Tá tusa cinnte. Tá mise níos cinnte. 4 Tá Sasana fuar. Tá an Fhionlainn níos fuaire. 5 Tá an Rúisis deacair, ach tá an tSínis níos deacra. 6 Tá na bóithre cúng sa Spidéal, ach tá siad níos cúinge i dTír

an Fhia. 7 Tá an chistin glan, ach tá an seomra codlata níos glaine. 8
Imríonn Cathal go maith ach imríonn Mícheál níos fearr. 9 Tá an gúna
daor, ach tá an cóta níos daoire. 10 Tá an cnoc ard, ach tá an sliabh níos
airde. 11 Tá Donncha mór, ach tá Síle níos mó. 12 Tá an loch domhain,
ach tá an fharraige níos doimhne. 13 Tá an Life leathan, ach tá an
Mississippi níos leithne. 14 Tá an chathair go deas, ach tá an Ghaeltacht
níos deise. 15 Tá Peige ciúin, ach tá Máire níos ciúine.

3 1 Seo é an bia seo is saoire. 2 Sin í an áit is deise. 3 Sin é an seomra is
teo. 4 Seo í an bhean is cliste. 5 Sin é an t-ábhar is fusa. 6 Sin iad na
héadaí is tirime. 7 Sin é an damhsa is bríomhaire. 8 Sin é an bóthar is
faide. 9 Sin é an gasúr is óige. 10 Seo í an mhí is fliche.

4 1 'Sé an scéal sin an scéal is measa. 2 Tusa an duine is leisciúla. 3 'Sé
Pádraig an feirmeoir is saibhre. 4 'Sé an scian seo an scian is géire. 5 'Sí
an Ollainn an tír is ísle. 6 'Sé Tomás an páiste is óige sa scoil. 7 Is
sneachta úr an rud is báine. 8 'Sé Sráid Lombard i San Francisco an tsráid
is caime. 9 Is gliomach an bia is blasta. 10 Is mise an duine is sine.

5 1 Níl an fhisic chomh furasta leis an gceimic. 2 Tá an fheoil go maith
agus tá an t-iasc chomh maith céanna. 3 Níl Tadhg chomh mór le hÉanna.
4 Níl sé chomh te is a bhí sé inné. 5 Tá Baile Átha Cliath céad míle as
an áit seo. Ní raibh a fhios agam go raibh sé chomh fada sin. 6 Tá an lá
inniu chomh gránna is a bhí riamh. 7 Nach bhfuil Máire chomh deas le
Bríd? 8 Níl tusa chomh cantalach is atá Maime. 9 Tá an aimsir chomh
dona sin nach bhfuil muid in ann a dhul amach. 10 Ní bheidh an
geimhreadh chomh fuar is a bhí sé anuraidh. 11 Tá an Béarla furasta;
an bhfuil an Ghearmáinis chomh furasta céanna? 12 Bhí an carr chomh
luath leis an mbus. 13 Tá mise chomh tuirseach is atá tusa. 14 Níl duine
ar bith chomh leisciúil le Tomás. 15 Tá do mhúinteoir go hiontach, ach
tá mo mhúinteoirse chomh hiontach céanna.

6 1 Bhí do scéal aisteach, ach bhí an scéal ab aistí agamsa. 2 Bhí Gaillimh
plódaithe, ach bhí Baile Átha Cliath níba phlódaithe fós. 3 B'fhearr
deireanach ná go brách. 4 B'iad na drochuibheacha an boladh ba mheasa.
5 B'é do chapallsa an capall ba sciobtha a rith. 6 Ba dheacra an rang sin
ná rang ar bith eile. 7 Bhí an geimhreadh níb fhuaire i mbliana ná riamh.
8 Níor tháinig sé ar ais níba mhó. 9 Antaine an duine ba mhó a chuir
as dom. 10 Chas Ciarán go maith, ach chas Caitríona níb fhearr.

7 1 Tá spraoi agus oideachas tábhachtach do pháistí; cé acu is tabhachtaí,
meas tú? 2 Is é Rhode Island an stát is lú sna Stáit Aontaithe. 3 Ritheann
sé chomh luath leis an ngaoth. 4 Tá Stiofán níos tanaí ná a bhí sé ach
níl sé chomh tanaí le Caoimhín. 5 B'fhéidir go bhfuil tú láidir, ach tá

mise chomh láidir céanna. 6 Níl mé chomh cinnte is ba mhaith liom a bheith faoi seo. 7 Is scéalaí maith é Diarmaid, ach níl a fhios agam an é an duine is fearr. Tá Gaeilge níos fearr ag Conchúr. 8 Bhuaigh Éamonn an duais mar is é an fear ab fhearr a chan. 9 An bhfuil tú réidh? Tá mé chomh réidh is a bheidh mé riamh. 10 Léigh mé leabhair níos measa, ach níor léigh mé ceann níos faide riamh.

UNIT ELEVEN
Conditional clauses I

Conditional sentences express a dependency between two events: one is true when the other is. As a rule, such sentences involve two clauses, one introduced by 'if', expressing the conditions under which the main verb is true, and another which depends on the truth of the 'if' clause. Units 11–12 deal with conditional sentences in Irish.

The conditional mood

This term refers to a verb form that describes situations which are hypothetical or contrary to known fact. It is most often expressed by 'would' in English, but in Irish separate verb endings are used. The conditional forms for the two regular verb classes are given below. Endings replace subject pronouns in personal forms of the conditional more than for the tenses introduced in *Basic Irish*. The difference between the two examples in each class is the quality of the final stem consonant; as usual vowels are added if needed to match the quality of the verb's final consonant.

Class 1		Class 2	
dhíolfainn	bhrisfinn	cheannóinn	d'imreoinn
dhíolfá	bhrisfeá	cheannófá	d'imreofá
dhíolfadh sé/sí	bhrisfeadh sé/sí	cheannódh sé/sí	d'imreodh sé/sí
dhíolfaimis	bhrisimis	cheannóimis	d'imreoimis
dhíolfadh sibh	bhrisfeadh sibh	cheannódh sibh	d'imreodh sibh
dhíolfaidís	bhrisfidís	cheannóidís	d'imreoidís

Impersonal forms end in *-f(a)í.*

dhíolfaí	bhrisfí	cheannófaí	d'imreofaí

A few patterns are found in these forms. The basic mark of the conditional is *-fadh* or *-ódh*, used with separate subject nouns and with the pronouns

sé, sí, sibh. In Connacht Irish, and parts of Ulster, pronouns are also used in place of the *-mis* suffix for 'we', as in tenses previously introduced. Other pronoun subjects are usually incorporated into the suffixes, although one hears separate pronouns occasionally with all of them. All forms share two features: the endings begin like future endings for each class (with *f* or *ó/eo*) to which the conditional endings are added. Furthermore, conditional forms, like the past tense, lenite an initial consonant and place *d'* before an initial vowel (or lenited *f*). But the regular negative and question particles **ní** and **an** are used with lenition and eclipsis respectively.

Ní cheannóinn é.	I wouldn't buy it.
An gceannódh sí é?	Would she buy it?

Irregular verbs

The conditional of irregular verbs is formed by adding the usual mutations to the future stems. Examples:

thiocfadh sé	he would come
d'íosfainn	I would eat
thabharfaidís	they would give
bhéarfaimis	we would bear
déarfá	you would say
dhéanfaidís	they would do

The conditional of 'be', 'go', and 'get' uses the *f* only in the second person singular:

	bí	**téigh**	**faigh**
I would	**bheinn**	**rachainn**	**gheobhainn**
You would	**bheifeá**	**rachfá**	**gheofá**
S/he would	**bheadh sé/sí**	**rachadh sé/sí**	**gheobhadh sé/sí**
One would	**bheifí**	**rachfaí**	**gheofaí**

Plurals follow the pattern without *f*.

Particles: dependent forms

After verbal particles, the usual mutations apply: for regular verbs, lenition remains after **ní** and eclipsis replaces it elsewhere; dependent forms of irregular verbs are used as usual:

Ní dhíolfainn é.	I wouldn't sell it.
An ndíolfá é?	Would you sell it?
Sílim go ndíolfadh sé é.	I think he'd sell it.
Nach ndíolfadh sé é?	Wouldn't he sell it?
Ní bhfaighfeá euro air.	You wouldn't get (even) a euro for it.
An bhfaighimis mórán?	Would we get much?
B'fhéidir go bhfaighidís cúpla punt.	Maybe they'd get a couple of pounds.

Clauses with dá

The verb forms above are used in both clauses of conditional sentences introduced by **dá** 'if' (often pronounced and even spelled as **dhá**). Following **dá**, eclipsis replaces lenition and *n*- is prefixed to a vowel.

Dá bhfeicfeá í, bheadh iontas ort.
If you saw her, you'd be surprised.
If you'd seen her, you'd have been surprised.

Dá mbeadh an aimsir go dona, mhillfeadh sé an tsaoire.
If the weather were bad, it would ruin the holiday.
If the weather had been bad, it would have ruined the holiday.

Dá n-imeoidís ansin, ní bheidís sásta.
If they were to go there, they wouldn't be pleased.
If they had gone there, they wouldn't have been pleased.

Note the two translations for each. No distinction is made in Irish between present and past in hypothetical conditions; the difference can usually be determined from context.

The negative form of **dá** is **mura**, which may be translated 'if not', or 'unless'.

Mura ndéanfadh sé báisteach, gheobhadh na plandaí bás.
If it didn't rain, the plants would die.
Unless it rained, the plants would die.

Other conditional usages

Conditional forms without 'if' clauses are also quite common. The condition may simply be implied:

Bhainfeadh Mící taitneamh as an oíche.
Mící would enjoy the evening (if he were here).

Examples of some other common uses of the conditional follow. Most correspond to other uses of English 'would'.

Polite request

An scríobhfá litir di?
Would you write her a letter?

An dtabharfadh sibh cúnamh dúinn?
Would you help us?

To soften negative reactions

Ní bheinn róthugtha dó.
I wouldn't be too fond of it.

Ní bheadh mórán suime aige i leabhar mar sin.
He wouldn't have much interest in a book like that.

Future within the past

Dúirt mé go dtiocfainn, agus tháinig.
I said that I would come, and I did.

Gheall siad go n-íocfaidís an bille, ach níor íoc.
They promised that they would pay the bill, but they didn't.

Bhí faitíos orm go gcuirfeadh sé báisteach.
I was afraid it would rain.

To indicate refusal

Ní dhéanfadh sé an obair.
He wouldn't do the work.

Ní ghlacfainn leis an leithscéal sin.
I wouldn't accept that excuse.

Rhetorical questions

Cé a thiocfadh isteach ach Sorcha?
Who should come in but Sorcha?

An gcreidfeá é?
Would you believe it?

Céard a d'fheicfinn ach an bus?
What should I see but the bus?

In comparisons with *mar* 'as (if)'

Thit sé mar a dtitfeadh mála fataí.
He fell like a sack of potatoes.

Thug mé cúnamh dó, mar a dhéanfadh duine ar bith.
I helped him, as anyone would.

It is also used frequently in other contexts where English uses 'should', 'might', or 'could', showing speculation or uncertainty about future events, possibility, or signaling a responsibility. In such uses the conditional is common following predicates like **b'fhéidir** 'maybe' or **ba cheart** 'should', although other tenses are also found.

Speculation

B'fhéidir go mbeadh sé anseo anocht.
He might be here tonight.

Cheapfá go mbeadh sé buíoch.
You'd think he'd be grateful.

Ba cheart go mbeadh an aimsir go breá sa samhradh.
The weather should be fine in the summer. (Lit. 'it should be that the weather would be fine'.)

Possibility

D'fhéadfá teacht ar ais amárach.
You could come back tomorrow

Thuigfinn cén fáth a rinne sé é.
I can understand why he did it.

Responsibility

Caithfidh go bhfanfadh duine anseo.
Someone should stay here.

Ba cheart go ndéanfaí rud éigin faoi.
Something should be done about it.

It is occasionally found in proverbs:

Ní dhéanfadh an saol capall ráis d'asal.
Nothing in the world could make a racehorse out of a donkey.

D'fheannfadh sé dreancaid ar a craiceann.
He'd flay a flea for its skin.

Exercises

1   Change the following sentences from future tense to conditional. Remember to replace pronouns with personal endings where appropriate.

   1   Teastóidh airgead le dul go hÉirinn.
   2   Ní chuimhneoidh tú ar an leabhar sin.
   3   Éistfidh siad leat.
   4   Dúiseoidh Máire go moch.
   5   Beidh áthas ar Bhrian thú a fheiceáil.
   6   Réiteoidh Mam dinnéar maith.
   7   Íosfaidh mé píosa eile aráin.
   8   An bhfanfaidh sibh linn?
   9   Dúnfaimid an doras.
  10   Nach labhróidh na gasúir Béarla?
  11   Tabharfaidh siad leo é.
  12   An aithneoidh tú mé?
  13   Gnóthóidh sé an cluiche.
  14   Gheobhaidh sé pá maith ansin.
  15   Rachaidh tú leo.

2   Convert the following to questions.

   1   Gheobhadh sé cúnamh.
   2   D'fhiafródh bhur gcairde cá bhfuil sibh.
   3   Bheadh sé compordach ansin.
   4   Chodlódh muid go maith ansin.
   5   Tharlódh a leithéid.
   6   Ní chuirfinn ceist mura mbeadh a fhios agam.
   7   Ghlanfaí an t-urlár.
   8   Léifidís leabhar 'chuile lá.
   9   D'fhéadfá cuidiú linn.
  10   Ní bhacfadh Máirtín leis an amadán sin.

3 Make the following sentences negative.

1 D'fhanfadh sé tamall fada.
2 Phéinteálfainn an teach.
3 Thaitneodh sé leis an múinteoir.
4 Leanfadh sí é.
5 Rachfá ar strae.
6 Phósfadh Bríd é.
7 Dhéanfaidís obair mhaith, agus shaothróidís go maith.
8 An gcoinneofá anseo é?
9 D'imreoinn cluiche eile.
10 Ghoidfeadh sé torthaí ón siopa.

4 Make both clauses of the following negative.

1 Dá mbeadh carranna saor, cheannóinn ceann nua.
2 Dá dtaitneodh sé leatsa, thaithneodh sé liomsa.
3 Dá gcuirfeadh sé dóthain báistí, d'fhásfadh na bláthanna.
4 Dá rachainn go hÉirinn, bheadh Gaeilge agam.
5 Dá n-íosfá an méid sin, d'éireofá tinn.

5 Fill in the correct form of the verb in parentheses. E.g., Dá <u>mbeadh</u> sé anseo, bheinn sásta. (bí)

1 Dá _____ an bháisteach thú, bheifeá tinn. (fliuch)
2 Dá _____ na buachaillí an fhuinneog, ní bheinn sásta. (bris)
3 Dá _____sibh mé, bheinn sásta. (aithin)
4 Dá _____Cáit an t-arán, d'íosfainn é. (gearr)
5 Dá _____ na mná amhrán, bheimis sásta. (cas)
6 Dá_____ sibh suas, d'fheicfeadh sibh níos fearr. (seas)
7 Dá_____ siad ag obair, bheadh an obair críochnaithe go gairid. (tosaigh)
8 Dá _____tú toitíní bheadh do mháthair míshásta. (caith)
9 Dá_____ Seán ar an leabhar, bheinn sásta. (breathnaigh)
10 Dá _____sibh san abhainn, bheadh sibh fliuch. (snámh)

6 Combine the following pairs of sentences into a single conditional sentence expressing how things would be if the sentences weren't true. E.g., Tá an lá go breá. Mar sin, tá mé sásta → Mura mbeadh an lá go breá, ní bheinn sásta.

Then translate the sentence into English. ('If the day weren't nice, I wouldn't be happy'.)

1   Níl deoch ag Máirtín. Mar sin, níl sé ag ól.
     Dá _____ deoch aige, _____.
2   Tá blas deas ar an mbia seo. Mar sin, íosfaidh mé é.
     Mura _____.
3   Níl m'iníon tinn. Mar sin, ní dheachaigh sí chuig an dochtúir.
4   Níor dhúirt Mícheál focal. Mar sin, theip air sa scrúdú.
5   Tá an iomarca turasóirí anseo. Mar sin, ní bhfaighidh tú lóistín.
6   Chaith mé tamall i bPáras. Mar sin, d'fhoghlaim mé Fraincis.
7   Ní thiocfaidh Seán Dé Domhnaigh. Mar sin, ní thiocfaidh
     Peadar.
8   Ní raibh a fhios agam cá raibh tú. Mar sin, ní bhfuair tú cárta
     poist.
9   Bhí sé rófhuar i mbliana. Mar sin, níor thit sneachta ar chor ar
     bith.
10   Phós Colm agus Áine anuraidh. Mar sin, thóg siad teach nua.

7   Translate.

1   If you would help me, I would pay you.
2   If it hadn't rained, we would have gone out.
3   Where would you go if you had a million euros?
4   They said that they would sell the car.
5   Would you mind if I sat here?
6   I was sitting talking with my friends, and who should walk in but
     my father!
7   He wouldn't help me unless I paid him.
8   If you had been here yesterday, you'd have seen Liam.
9   If I'd done the work myself, it would have been done right.
10   Can you believe that! (Lit. 'would you'.)

Answers to exercises

1   1 Theastódh airgead le dul go hÉirinn. 2 Ní chuimhneofá ar an leabhar
sin. 3 D'éistfidís leat. 4 Dhúiseodh Máire go moch. 5 Bheadh áthas ar
Bhrian thú a fheiceáil. 6 Réiteodh Mam dinnéar maith. 7 D'íosfainn
píosa eile aráin. 8 An bhfanfadh sibh linn? 9 Dhúnfaimis an doras. 10
Nach labhródh na gasúir Béarla? 11 Thabharfaidís leo é. 12 An
aithneofá mé? 13 Ghnóthódh sé an cluiche. 14 Gheobhadh sé pá maith
ansin. 15 Rachfá leo.

2   1 An bhfaigheadh sé cúnamh? 2 An bhfiafródh bhur gcairde cá bhfuil
sibh? 3 An mbeadh sé compordach ansin? 4 An gcodlóimis go maith
ansin? 5 An dtarlódh a leithéid? 6 Nach gcuirfinn cheist mura mbeadh

a fhios agam? 7 An nglanfaí an t-urlár? 8 An léifidís leabhar 'chuile lá? 9 An bhféadfá cuidiú linn? 10 Nach mbacfadh Máirtín leis an amadán sin?

3 1 Ní fhanfadh sé tamall fada. 2 Ní phéinteálfainn an teach. 3 Ní thaitneodh sé leis an múinteoir. 4 Ní leanfadh sí é. 5 Ní rachfá ar strae. 6 Ní phósfadh Bríd é. 7 Ní dhéanfaidís obair mhaith, agus ní shaothróidís go maith. 8 Nach gcoinneofá anseo é? 9 Ní imreoinn cluiche eile. 10 Ní ghoidfeadh sé torthaí ón siopa.

4 1 Mura mbeadh carranna saor, ní cheannóinn ceann nua. 2 Mura dtaitneodh sé leatsa, ní thaithneodh sé liomsa. 3 Mura gcuirfeadh sé dóthain báistí, ní fhásfadh na bláthanna. 4 Mura rachainn go hÉirinn, ní bheadh Gaeilge agam. 5 Mura n-íosfá an méid sin, ní éireofá tinn.

5 1 Dá bhfliuchfadh an bháisteach thú, bheifeá tinn. 2 Dá mbrisfeadh na buachaillí an fhuinneog, ní bheinn sásta. 3 Dá n-aithneodh sibh mé, bheinn sásta. 4 Dá ngearrfadh Cáit an t-arán, d'íosfainn é. 5 Dá gcasfadh na mná amhrán, bheimis sásta. 6 Dá seasfadh sibh suas, d'fheicfeadh sibh níos fearr. 7 Dá dtosóidís ag obair, bheadh an obair críochnaithe go gairid. 8 Dá gcaithfeá toitíní bheadh do mháthair míshásta. 9 Dá mbreathnódh Seán ar an leabhar, bheinn sásta. 10 Dá snámhfadh sibh san abhainn, bheadh sibh fliuch.

6 1 Dá mbeadh deoch aige, bheadh sé ag ól. *If he had a drink, he'd be drinking.* 2 Mura mbeadh blas deas ar an mbia seo, ní íosfainn é. *If this food didn't have a nice taste, I wouldn't eat it.* 3 Dhá mbeadh m'iníon tinn, rachadh sí chuig an dochtúir. *If my daughter were sick, she'd go to the doctor.* 4 Dá ndéarfadh Mícheál focal, ní theipfeadh air sa scrúdú. *If Mícheál had said a word, he wouldn't have failed the exam.* 5 Mura mbeadh an iomarca turasóirí anseo, gheofá lóistín. *If there weren't too many tourists here, you'd get lodgings.* 6 Mura gcaithfinn tamall i bPáras, ní fhoghlaimeoinn Fraincis. *If I hadn't spent a while in Paris, I wouldn't have learned French.* 7 Dá dtiocfadh Seán Dé Domhnaigh, thiocfadh Peadar. *If Seán came Sunday, Peadar would come.* 8 Dá mbeadh a fhios agam cá raibh tú, gheofá carta poist. *If I had known where you were, you would have got a postcard.* 9 Mura mbeadh sé rófhuar i mbliana, thitfeadh sneachta. *If it hadn't been too cold this year, snow would have fallen.* 10 Mura bpósfadh Colm agus Áine anuraidh, ní thógfaidís teach nua. *If Colm and Áine hadn't married last year, they wouldn't have built a new house.*

7 1 Dá gcuideofá liom, d'íocfainn thú. 2 Mura gcuirfeadh sé báisteach, d'imeoimis amach. 3 Cá rachfá dá mbeadh milliún euro agat? 4 Dúirt siad go ndíolfaidís an carr. 5 Ar mhiste leat dá suífinn anseo? 6 Bhí mé

i mo shuí ag caint le mo chairde, agus cé a shiúlfadh isteach ach m'athair! 7 Ní chuideodh sé liom mura n-íocfainn é. 8 Dá mbeifeá anseo inné, d'fheicfeá Liam. 9 Dá ndéanfainn féin an obair, bheadh sé déanta i gceart. 10 An gcreidfeá é sin?

UNIT TWELVE
Conditional clauses II

The conditional sentences described in Unit 11 all imply the speaker's doubt or uncertainty that the conditions are or will come true, or in some cases show certain knowledge that they aren't true ('If I knew, I'd tell you'). But it is possible to express 'if' conditions without revealing anything of the speaker's beliefs, only a simple dependence between the two events. These, as well as negative conditions and conditions using the copula, will be covered in this unit.

Conditions with má

When the speaker doesn't wish to reveal a belief about the likelihood of the events described, a different word, **má**, is used for 'if'; it is followed by the independent form of irregular verbs and lenites the first consonant of regular verbs.

Má tháinig sé abhaile, thug sé cuairt ar Mhaimeo.
If he came home, he paid a visit to Grandma.

Má tá Treasa sa mbaile faoi láthair, tabhair leat í.
If Treasa is home at the moment, bring her with you.

The conditional form is not generally used with **má**, but all other tenses can be. The only restriction is that following **má**, the future tense is replaced by the present. Thus, the present tense after **má** can be interpreted with either future or present time reference. The tense of the second clause usually indicates which is intended.

Má fheiceann tú í amárach, feicfidh tú a fear freisin.
If you see her tomorrow, you'll see her husband, too.

Má fheiceann tú é sin, ní theastaíonn spéaclaí uait.
If you (can) see that, you don't need glasses.

Sometimes sentences with **má** are used as responses to previous utterances and do not really express a dependency of the main clause on the 'if' clause, but rather the speaker's surprise or doubt about the truth of the original sentence.

Tháinig Cáit abhaile as Boston.
Cáit came home from Boston.

Bhuel, má tháinig, ní fhaca mise í!
Well, if so, I didn't see her!

Negative conditions

To express conditions with negative verbs, **mura** 'if not' is used. It causes eclipsis (or a dependent form) of the verb, and takes the form **murar** before verbs with regular past tense. It serves as the negative of both **má** and **dá** and can therefore be followed by any tense, including the future. Some dialects use **muna** and some **mara** instead.

Mura bhfuil sé anseo, ní féidir liom caint leis.
If he isn't here, I can't talk to him.

Mura bhfeicfidh mé arís thú, bíodh turas maith agat.
If I don't see you again, have a good trip.

Murar ghlan sí a seomra, ní bheidh cead aici dul amach anocht.
If she didn't clean her room, she won't be allowed to go out tonight.

Mura mbeadh sé ag cur báistí, bheadh an lá inné go maith.
If it hadn't been raining, yesterday would have been good.

Mura mbeinn tinn, bheinn ag obair.
If I weren't sick, I'd be at work.

Murach, followed by a noun or (stressed) pronoun, can also be used to express the condition 'if it weren't for', or 'but for'.

Murach an teas, bheadh sibh compordach.
But for the heat, you'd be comfortable.

Murach ise bheinn in am.
If it weren't for her, I'd have been on time.

Clause order

Although all examples of conditional clauses so far show the 'if' clause before the conclusion, the two clauses can come in either order.

Beidh mé sa mbaile ag a hocht mura mbeidh moill ar an eitleán.
I'll be home at 8, if the plane isn't delayed.

Bheadh 'chuile dhuine sásta murach an drochaimsir.
Everyone would be pleased but for the bad weather.

Tiocfaidh sí má bhíonn sí in ann.
She will come if she can.

Conditions with the copula

The conditional form of the copula is **ba**, which follows **dá** with eclipsis. It is contracted as usual before a vowel or *fh*.

Dá mba mhaith leat iasc, d'íosfadh muid sa mbialann seo.
If you liked fish, we'd eat in this restaurant.

Dá mb'í Eibhlín an rúnaí, bheadh gach rud ceart.
If Eibhlín were the secretary, everything would be in order.

Má merges with **is** as **más**.

Beidh deoch againn anseo, más mian leat.
We'll have a drink here, if you like.

Más dochtúir thú, tá ceist agam ort.
If you're a doctor, I have a question for you.

Mura is the negative of **más**. Before a vowel it becomes **murab**.

Mura maith leat é, ná ceannaigh é.
If you don't like it, don't buy it.

Murab é sin do chóta, is dócha gur liomsa é.
If that's not your coat, it's probably mine.

The negative form of **dá mba** is **murar**, which lenites the next consonant and becomes **murarbh** before a vowel (or *fh*).

Murar mhúinteoirí maithe iad, ní bheidís ag obair anseo.
If they weren't good teachers, they wouldn't be working here.

Murarbh fhéidir leat é a dhéanamh ba cheart duit cúnamh a fháil.
If you couldn't do it, you should have got help.

Emphasis

The verb of a condition clause may be subordinated to various phrases that draw further attention to the tentativeness of the condition. All the following can be used with either **má** or **dá**.

Má tharlaíonn sé go mbeadh an t-airgead agam, ceannóidh mé deoch duit.
If it should ever happen that I have the money, I'll buy you a drink.

Dá dtarlódh sé go mbeadh an t-airgead agam, cheannóinn deoch duit.
If ever I had the money, I'd buy you a drink.

Más amhlaidh go bhfuil sí ag insint na fírinne, beidh iontas orm.
If in fact she's telling the truth, I'll be surprised.

Dá mba rud é go ngnóthódh sé an Lotto, phósfadh sé í.
If it should turn out that he won the Lotto, he'd marry her.

Another form of emphasis involves placing **féin** after the verb following 'if'. It has the effect of 'even if', and is particularly common in (but not limited to) responses.

Dhá ngnóthódh sé an Lotto féin, ní phósfainn é.
Even if he won the Lotto, I wouldn't marry him.

Labhair mé le Colm inné, ach má labhair féin, níor inis sé tada dom.
I spoke to Colm yesterday, but even so, he didn't tell me anything.

Exercises

1   Combine the following sentences with **má** introducing the first sentence. Use **mura** instead of **má** if the first sentence is negative. E.g., Tá sé anseo. Tá mé sásta. → Má tá sé anseo, tá mé sásta.

   1   Tá na daltaí leisciúil. Ní fhoghlaimíonn siad mórán.
   2   Ní chuirfidh sé báisteach. Geobhaidh na plandaí bás.

3   Ní íocfar é. Ní thugann sé cúnamh do dhuine ar bith.
4   Tá sé óg. Níl sé sean.
5   Rachaidh mé go Ceanada. Rachaidh mé ann Dé Máirt.
6   Níor mhínigh tú an scéal. Níor thuig siad é.
7   Tháinig Eoghan. Tháinig sé mall.
8   Tiocfaidh tú chuig an gcruinniú. Ní bheidh aiféala ort.
9   Tabharfaidh tú cúnamh dom. Tabharfaidh mise cúnamh duit.
10 Feicim na ceoltóirí. Ní fheicim go maith iad.

2 Make both clauses of the following negative.

1   Dá mbeadh carranna saor, cheannóinn ceann nua.
2   Dá dtaitneodh sé leatsa, thaitneodh sé liomsa.
3   Má bhíonn sé te ag an deireadh seachtaine, rachaimid chuig an
    trá.
4   Dá gcuirfeadh sé dóthain báistí, d'fhásfadh na bláthanna.
5   Déanann Ruairí obair mhaith, má fhaigheann sé pá maith.
6   Dá rachainn go hÉirinn, bheadh Gaeilge agam.
7   Má choinníonn tú ar an obair, éireoidh leat.
8   Má chonaic Diarmaid m'uncail, bhí sé i nGaoth Dobhair.
9   Dá n-íosfá an méid sin, d'éireofá tinn.
10 Má tá tú tinn, cuir glaoch ar an dochtúir.

3 Combine the following sentences as conditions, using **má** or **mura** with
   the copula as appropriate.

1   Is maith leat bia Iodálach. Taitneoidh an bhialann nua leat.
2   Ní miste leat fanacht nóiméad. Tiocfaidh mé leat.
3   Is tusa an bainisteoir. Tá ceist ag an bhfear úd ort.
4   Is siopa maith é. Ceannóidh mé mo bhróga ann.
5   Is maith le hEimear Spáinnis a fhoghlaim. Is féidir léi freastal ar
    ranganna.
6   Ní fiú éisteacht leis an gclár sin. Cas as an raidió.
7   Ní hé Cóilín an ceannaire. Cé hé?
8   Is ceart dúinn críochnú go luath. Caithfidh tú deifir a dhéanamh.
9   Is féidir liom carr a fháil. Baileoidh mé thú.
10 Ní maith léi iasc. Ní íosfaidh sí an béile.

4 Combine the following sentences with **dá** or **mura**, to indicate the
   situation if the sentences below were untrue. E.g., Ní maith liom tae. Ní
   ólaim é. → Dá mba mhaith liom tae, d'ólfainn é.

1   Ní tusa mo mháthair. Níl an ceart agat caint liom mar sin.
    Dá _____ mo mháthair, _____.

2   Is breá an lá é. Beidh an bhainis go hálainn.
3   B'fhearr le Tomás fanacht sa tábhairne. Ní bheidh béile aige.
4   Ní liomsa an teach sin. Ní phéinteálfaidh mé é.
5   Is fear lách é Ciarán. Ní chuirfidh sé isteach orainn.
6   Ní tusa a bhí ag múineadh. Níor tháinig mé chuig an rang.
7   Is as Ceanada Máire. Tuigeann sí Fraincis.
8   Is mise an múinteoir. Ceartaím obair na ndaltaí.
9   Ní cuimhin liom a ainm. Ní chuirfidh mé in aithne duit é.
10 Ní dochtúir mé. Níl a fhios agam céard atá ort.

5   Translate.

1   If you don't clean your room, you can't go out tonight.
2   They would have all failed but for me.
3   If you like meat, eat this.
4   Even if she came, she'd be too late.
5   He said he would come tonight, but if he did, I didn't see him.
6   Would you be mad if I kissed you?
7   If you go to the shop, will you buy a pint of milk for me?
8   If it doesn't rain tomorrow, I'll plant vegetables and flowers.
9   Call me next week if you can.
10 I'd buy you a drink if it weren't that my money was stolen.

Answers to exercises

1   1 Má tá na daltaí leisciúil, ní fhoghlaimíonn siad mórán. 2 Mura gcuirfidh
sé báisteach, geobhaidh na plandaí bás. 3 Mura n-íocfar é, ní thugann
sé cúnamh do dhuine ar bith. 4 Má sé óg, níl sé sean. 5 Má théim go
Ceanada, rachaidh mé ann Dé Máirt. 6 Murar mhínigh tú an scéal, níor
thuig siad é. 7 Má tháinig Eoghan, tháinig sé mall. 8 Má thagann tú chuig
an gcruinniú, ní bheidh aiféala ort. 9 Má thugann tú cúnamh dom,
tabharfaidh mise cúnamh duit. 10 Má fheicim na ceoltóirí, ní fheicim go
maith iad.

2   1 Mura mbeadh carranna saor, ní cheannóinn ceann nua. 2 Mura
dtaitneodh sé leatsa, ní thaitneodh sé liomsa. 3 Mura mbeidh sé te ag
an deireadh seachtaine, ní rachaimid chuig an trá. 4 Mura gcuirfeadh sé
dóthain báistí, ní fhásfadh na bláthanna. 5 Ní dhéanann Ruairí obair
mhaith mura bhfaigheann sé pá maith. 6 Mura rachainn go hÉirinn, ní
bheadh Gaeilge agam. 7 Mura gcoinneoidh tú ar an obair, ní éireoidh
leat. 8 Mura bhfaca Diarmaid m'uncail, ní raibh sé i nGaoth Dobhair. 9
Mura n-íosfá an méid sin, ní éireofá tinn. 10 Mura bhfuil tú tinn, ná cuir
glaoch ar an dochtúir.

3 1 Más maith leat bia Iodálach, taitneoidh an bhialann nua leat. 2 Mura miste leat fanacht nóiméad, tiocfaidh mé leat. 3 Más tusa an bainisteoir, tá ceist ag an bhfear úd ort. 4 Más siopa maith é, ceannóidh mé mo bhróga ann. 5 Más maith le hEimear Spáinnis a fhoghlaim, is féidir léi freastal ar ranganna. 6 Mura fiú éisteacht leis an gclár sin, cas as an raidió. 7 Murab é Cóilín an ceannaire, cé hé? 8 Más cheart dúinn críochnú go luath, caithfidh tú deifir a dhéanamh. 9 Más féidir liom carr a fháil, baileoidh mé thú. 10 Mura maith léi iasc, ní íosfaidh sí an béile.

4 1 Dá mba tusa mo mháthair, bheadh an ceart agat caint liom mar sin. 2 Murar bhreá an lá é, ní bheadh an bhainis go hálainn. 3 Murarbh fhearr le Tomás fanacht sa tábhairne, bheadh béile aige. 4 Dá mba liomsa an teach sin, phéinteálfainn é. 5 Murarbh fhear lách é Ciarán, chuirfeadh sé isteach orainn. 6 Dá mba tusa a bhí ag múineadh, thiocfainn chuig an rang. 7 Murarbh as Ceanada Máire, ní thuigfeadh sí Fraincis. 8 Murar mise an múinteoir, ní cheartóinn obair na ndaltaí. 9 Dá mba chuimhin liom a ainm, chuirfinn in aithne duit é. 10 Dá mba dhochtúir mé, bheadh a fhios agam céard atá ort.

5 1 Mura nglanfaidh tú do sheomra ní bheidh cead agat dul amach anocht. 2 Theipfeadh orthu uilig murach mise. 3 Más maith leat feoil, ith é seo. (Má thaitníonn feoil leat, ith é seo.) 4 Dá dtiocfadh sí féin, bheadh sí ródheireanach. 5 Dúirt sé go dtiocfadh sé anocht, ach má tháinig, ní fhaca mé é. 6 An mbeadh fearg ort dá bpógfainn thú? 7 Má théann tú chuig an siopa, an gceannóidh tú pionta bainne dom? 8 Mura gcuirfidh sé báisteach amárach, cuirfidh mé glasraí agus bláthanna. 9 Cuir glaoch orm an tseachtain seo chugainn más féidir leat. 10 Cheannóinn deoch duit murach gur goideadh mo chuid airgid.

UNIT THIRTEEN
Habitual tenses

As noted in *Basic Irish*, Unit 11, the so-called present tense of most verbs conveys a sense that the action expressed is habitual or general: 'Nóra walks to work', 'Nuala doesn't eat fish', 'birds fly', etc. These sentences don't indicate that something is happening just now, only that it does so on a regular basis. This is the usual interpretation of present-tense verbs that describe actions in both English and Irish. When the verb describes a physical or mental state, however, the time reference may be general or specifically present, and only context can help decide:

Feicim Bairbre anois díreach.	I see Bairbre right now.
Feicim Bairbre uair sa tseachtain.	I see Bairbre once a week.

One Irish verb differentiates these two meanings with separate forms. All verbs also have a past habitual form, used to describe events that took place on a regular basis in the past. These forms and their uses will be the topic of this unit.

Present habitual

A distinguishing feature of the verb **bí** is the existence of a separate tense, the present habitual. This tense is formed by adding the ending *-onn* to the imperative form **bí**, and is used to describe a situation that holds on a regular basis. As usual, the first-person singular subject 'I' is formed with an ending in all dialects, and the plural in the Standard and Munster, but with a pronoun in Connacht and Ulster.

Bím tinn.	I am sick (habitually).
Bímid tinn/Bíonn muid tinn.	We are sick (regularly).
Bíonn sé tinn.	He is sick(ly).

Bíonn has no separate dependent stem; regular mutations are found after the particles. Although **bíonn** and **tá** are both translated into English as 'is', the choice between them is forced by certain adverbs. The following illustrate.

Tá sé tinn anois/faoi láthair/inniu.
He is sick now/at present/today.

Bíonn sé tinn i gcónaí/go minic/corruair.
He is always/often/occasionally sick.

Ní bhíonn sé tinn riamh/ach go hannamh.
He is never/rarely sick.

An mbíonn sé tinn go minic/riamh?
Is he often/ever sick?

This is also the form of **bí** used after **má**, for future time reference as well as habitual.

Má bhíonn tú ann go luath, gheobhaidh tú suíochán maith.
If you're there early, you'll get a good seat.

Má bhíonn na páistí tuirseach, bíonn siad cantalach.
If (i.e., whenever) the children are tired, they are cranky.

Past habitual forms

The past habitual endings closely resemble conditional forms. The ending used with separate noun and pronoun subjects is *-adh* for Class 1 verbs and *-íodh* for Class 2. The final consonants of both are pronounced as in the conditional. Since this is a past tense, the first consonant of the verb stem is lenited, or *d'* precedes a vowel or *fh*, as in the simple past tense (*Basic Irish*, Unit 13).

Ghlanadh sí gach Satharn.
She cleaned every Saturday.

D'óladh sibh fíon dearg.
You used to drink red wine.

Cheannaíodh sé bláthanna di uair sa tseachtain.
He would buy flowers for her once a week.

As shown, English translations can vary. 'Used to' emphasizes both the past time and the repetitive nature of the event, and will be used in the examples, but is used far less in English than the past habitual is used in Irish. English 'would' also expresses habitual meaning in some contexts (with no condition implied), but habitual actions may also be expressed by the simple past-tense form. That is, English does not require a distinction of form to separate simple and habitual past meanings; Irish does.

Personal forms

Like the conditional, the past habitual uses specialized endings in place of separate pronouns when 'I', 'you' (singular), 'we', and 'they' are subjects. The simple tense-only form is used only with noun subjects, and the pronouns **sé, sí, sibh**. The following are the forms for all persons of each verb class (with examples of broad and slender stems for each):

Class 1		*Class 2*	
ghlanainn	bhrisinn	cheannaínn	d' imrínn
ghlantá	bhristeá	cheannaíteá	d' imríteá
ghlanadh sé	bhriseadh sé	cheannaíodh sé	d'imríodh sé
ghlanaimis	bhrisimis	cheannaímis	d'imrímis
ghlanadh sibh	bhriseadh sibh	cheannaíodh sibh	d'imríodh sibh
ghlanaidís	bhrisidís	cheannaídís	d'imrídís

Impersonal forms in the past habitual have the ending *-t(a)í*.

ghlantaí	bhristí	cheannaítí	d'imrítí

Some younger speakers have begun to use separate pronouns with the general endings in place of these endings, but the personal endings are still the norm in writing and found in all areas.

Irregular verbs

The past habitual is formed regularly from the present-tense stems of irregular verbs plus the Class 1 endings. **Deir** is still not lenited. An example of each follows:

thagaidís	they used to come
théadh sé	he used to go
dhéantá	you used to make
thugainn	I used to give

d'fhaighimis	we used to get
deireadh sibh	you used to say
chloisinn	I used to hear
bheiridís	they used to bear
d'íthinn	I used to eat
d'fheicteá	you used to see
bhíodh sí	she used to be

Particles

The dependent forms of the past habitual follow the regular particles ní, an, nach, go, a, with the same mutations that accompany them in the present and future tenses. Lenition of the independent form is abandoned for eclipsis in questions and subordinate clauses (including indirect relatives), for both regular and irregular verbs.

ní ólainn	I didn't drink (regularly)
ní ghlantá	you didn't clean (regularly)
nuair a théadh sibh	when you used to go
an ndéanaidís?	did they make?
sílim go dtagadh sí	I think she used to come
nach bhfeicteá?	wouldn't you see?
na daoine a dtugainn airgead dóibh	the people I used to give money to

Substitution of the conditional

The conditional and past habitual forms are very similar in most cases, and in some dialects the pronunciation of many forms (those differing only in the presence or absence of an *f*) is hardly distinguished. Occasionally, and with increasing frequency among younger speakers, the conditional forms may be used in place of the past habitual.

Exercises

1   Change the verb to the appropriate habitual tense.

   1   Bhí Páras go hiontach.
   2   An raibh tú tinn?
   3   Tá an bainisteoir sásta leis an obair.
   4   Nach bhfuil duine ar bith ansin?
   5   Bhíomar i gConamara.

6 Níl mé sásta anseo.
7 Bhí siad réasúnta saor.
8 An bhfuil sí ag obair go crua?
9 Tá mé tuirseach.
10 Bhí imní ar mo mháthair.
11 Tá Pádraig ag ól an iomarca.
12 An raibh mórán daoine ansin?
13 Ní raibh mórán tithe anseo.
14 Ní raibh mé ag an bhféile.
15 An bhfuiltear ag réiteach gach fadhb?

2 Choose simple or habitual forms of **bí** as appropriate to the adverb
provided.

1 _____ Breandán cantalach go minic.
2 _____ mé an-tinn an tseachtain seo caite.
3 _____ muid ag fanacht sa teach céanna i gcónaí.
4 _____ an saol níos measa anseo fadó.
5 Ní minic a _____ sí mall.
6 _____ siad anseo ar cuairt corruair, ach ní fheicim go minic iad.
7 An _____ tú i do chónaí in Éirinn faoi láthair?
8 Nuair a bhí mé óg _____ saoire againn in Árainn 'chuile
shamhradh.
9 _____ tú cantalach inniu, mar a _____ i gcónaí nuair a
fhaigheann tú drochscéal.
10 Ní _____ mórán turasóirí anseo i mbliana.

3 Change the following verbs to the habitual past.

1 Taitníonn cluichí cártaí le Pól.
2 Briseann siad go leor plátaí.
3 Dúnann an siopa sin ag a cúig.
4 Scanraíonn madraí iad.
5 Guíonn sibh 'chuile lá.
6 Cleachtann sé a chuid Gaeilge go minic.
7 Glanaim an teach uilig san earrach.
8 Fanann tú tigh Mháire.
9 Ní chloistear mórán ceoil san óstán sin.
10 Aithníonn tú gach duine.
11 Ceannaíonn siad an iomarca bia.
12 Ceapaim go dtagann siad go minic.
13 Réitíonn sí béilí iontacha.
14 Imrímid peil.
15 Tuigim an Ghaeilge níos fearr ná an Rúisis.

4 Make questions of the following.

    1 Stopadh carranna ar an gcnoc sin.
    2 Chríochnaínn an obair in am.
    3 D'éistidís le ceol tráidisiúnta.
    4 Dhúisíodh Caitlín go moch ar maidin.
    5 D'fhaigheadh sibh pá ag an deireadh seachtaine.
    6 Phléimis ceisteanna suimiúla.
    7 Ghortaítí thú go minic.
    8 Bhuailteá mé in aon chluiche amháin.
    9 Bhíodh 'chuile dhuine sásta.
   10 Phósadh daoine an-óg fadó.

5 Make the following sentences negative.

    1 Mhothaínn an fuacht nuair a bhí mé óg.
    2 An mbídís ag obair go crua?
    3 Bhíodh beithígh ag muintir na feirme sin riamh.
    4 Chuiridís geallta ar na capaill, agus chaillidís a gcuid airgid.
    5 An dtarlaíodh na rudaí sin nuair a bhí tusa ann?
    6 D'osclaímis an siopa ar an Domhnach go dtí anuraidh.
    7 Thiteadh Máire go minic.
    8 Deir siad go mbíodh an aimsir níos fearr.
    9 Théinn go hAlbain go minic.
   10 Labhraítí Gaeilge ansin.

6 Change the tense of the verb given to match each context.

    1 Coinneoidh sé caoirigh.
       blianta ó shin:
       anois:
       nuair a bhí an t-airgead aige:
    2 Inseoidh Peig scéalta.
       inné:
       go minic:
       go minic fadó:
    3 Ní íocfaidh seisean as na deochanna.
       riamh:
       riamh fadó:
       aréir:
    4 Íosfaidh mé iasc.
       go minic nuair a bhí mé óg:
       uair sa tseachtain:
       aréir:

5 Beidh slua mór anseo.
   inné:
   go hiondúil:
   nuair a thagainn fadó:
6 An athróidh tú na bráillíní?
   gach seachtain:
   go minic blianta ó shin:
   an lá cheana:
7 Stop sibh ansin.
   i gcónaí nuair a bhíodh sibh ar saoire:
   anuraidh:
   go minic:
8 Fásfaidh an féar go maith.
   fadó:
   anuraidh:
   má bhíonn sé fliuch:
9 Críochnóidh siad go luath.
   inné:
   anois is arís:
   i gcónaí fadó:
10 Tuigfidh mé Rónán.
   nuair a labhraíodh sé go mall:
   i gcónaí:
   nóiméad ó shin:

Answers to exercises

1 1 Bhíodh Páras go hiontach. 2 An mbíteá tinn? 3 Bíonn an bainisteoir
   sásta leis an obair. 4 Nach mbíonn duine ar bith ansin? 5 Bhímis i
   gConamara. 6 Ní bhím sásta anseo. 7 Bhídís réasúnta saor. 8 An mbíonn
   sí ag obair go crua? 9 Bím tuirseach. 10 Bhíodh imní ar mo mháthair.
   11 Bíonn Pádraig ag ól an iomarca. 12 An mbíodh mórán daoine ansin?
   13 Ní bhíodh mórán tithe anseo. 14 Ní bhínn ag an bhféile. 15 An
   mbítear ag réiteach gach fadhb?

2 1 Bíonn Breandán cantalach go minic. 2 Bhí mé an-tinn an tseachtain
   seo caite. 3 Bíonn muid ag fanacht sa teach céanna i gcónaí. 4 Bhíodh
   an saol níos measa anseo fadó. 5 Ní minic a bhíonn sí mall. 6 Bíonn siad
   anseo ar cuairt corruair, ach ní fheicim go minic iad. 7 An bhfuil tú i do
   chónaí in Éirinn faoi láthair? 8 Nuair a bhí mé óg bhíodh saoire againn
   in Árainn 'chuile shamhradh. 9 Tá tú cantalach inniu, mar a bhíonn i
   gcónaí nuair a fhaigheann tú drochscéal. 10 Níl (or ní raibh) mórán
   turasóirí anseo i mbliana.

3 1 Thaitníodh cluichí cártaí le Pól. 2 Bhrisidís go leor plátaí. 3 Dhúnadh an siopa sin ag a cúig. 4 Scanraíodh madraí iad. 5 Ghuíodh sibh 'chuile lá. 6 Chleachtadh sé a chuid Gaeilge go minic. 7 Ghlanainn an teach uilig san earrach. 8 D'fhantá tigh Mháire. 9 Ní chloistí mórán ceoil san óstán sin. 10 D'aithníteá gach duine. 11 Cheannaídís an iomarca bia. 12 Cheapainn go dtagaidís go minic. 13 Réitíodh sí béilí iontacha. 14 D'imrímis peil. 15 Thuiginn an Ghaeilge níos fearr ná an Rúisis.

4 1 An stopadh carranna ar an gcnoc sin? 2 An gcríochnaínn an obair in am? 3 An éistidís le ceol tráidisiúnta? 4 An ndúisíodh Caitlín go moch ar maidin? 5 An bhfaigheadh sibh pá ag an deireadh seachtaine? 6 An bpléimis ceisteanna suimiúla? 7 Ann gortaítí thú go minic? 8 An mbuailteá mé in aon chluiche amháin? 9 An mbíodh 'chuile dhuine sásta? 10 An bpósadh daoine an-óg fadó?

5 1 Ní mhothaínn an fuacht nuair a bhí mé óg. 2 Nach mbídís ag obair go crua? 3 Ní bhíodh beithígh ag muintir na feirme sin riamh. 4 Ní chuiridís geallta ar na capaill, agus ní chaillidís a gcuid airgid. 5 Nach dtarlaíodh na rudaí sin nuair a bhí tusa ann? 6 Ní osclaímis an siopa ar an Domhnach go dtí anuraidh. 7 Ní thiteadh Máire go minic. 8 Deir siad nach mbíodh an aimsir níos fearr. 9 Ní théinn go hAlbain go minic. 10 Ní labhraítí Gaeilge ansin.

6 1 Choinníodh sé caoirigh blianta ó shin. Coinníonn sé caoirigh anois. Choinnigh sé caoirigh nuair a bhí an t-airgead aige. 2 D'inis Peig scéalta inné. Insíonn Peig scéalta go minic. D'insíodh Peig scéalta go minic fadó. 3 Ní íocann seisean as na deochanna riamh. Ní íocadh seisean as na deochanna riamh fadó. Níor íoc seisean as na deochanna aréir. 4 D'ithinn iasc go minic nuair a bhí mé óg. Ithim iasc uair sa tseachtain. D'ith mé iasc aréir. 5 Bhí slua mór anseo inné. Bíonn slua mór anseo go hiondúil. Bhíodh slua mór anseo nuair a thagainn fadó. 6 An athraíonn tú na bráillíní gach seachtain? An athraíteá na bráillíní go minic blianta ó shin? Ar athraigh tú na bráillíní an lá cheana? 7 Stopadh sibh ansin i gcónaí nuair a bhíodh sibh ar saoire. Stop sibh ansin anuraidh. Stopann sibh ansin go minic. 8 D'fhásadh an féar go maith fadó. D'fhás an féar go maith anuraidh. Fásann an féar go maith má bhíonn sé fliuch. 9 Chríochnaigh siad go luath inné. Críochnaíonn siad go luath anois is arís. Chríochnaídís go luath i gcónaí fadó. 10 Thuiginn Rónán nuair a labhraíodh sé go mall. Tuigim Rónán i gcónaí. Thuig mé Rónán nóiméad ó shin.

UNIT FOURTEEN
Causes and onsets

This unit introduces the means of expressing how events are caused or permitted, or how conditions begin. Some of the Irish structures are very similar to their English counterparts, but others are not, due to structural differences between the simple sentences on which they are based.

Causatives

In English, causation is most simply expressed with the verb 'make' followed by an unmarked verb or adjective. The subject of the verb or adjective (the person made to do or be) comes in between.

> Verb: 'The devil *made me do* it.'
> Adjective: 'The cake *made me sick.*'

In Irish, the verb and adjective structures differ. Causation of an action is expressed with various verbal idioms with specific meanings such as 'persuade', force', or 'demand', followed by a verbal noun expression. The person who is caused to perform the action is usually in a phrase introduced by **ar** or occasionally another preposition (e.g., **dom** below).

Chuir sé ina luí orm é a dhéanamh.	He persuaded me to do it.
D'áitigh mé ar Dhónall é a dhéanamh.	I persuaded Dónall to do it.
Thug Dónall ar Shiobhán é a dhéanamh.	Dónall persuaded Siobhán to do it.
Chuir sé iallach (or iachall) orm é a dhéanamh.	He forced me to do it.
D'éiligh sé orm é a dhéanamh.	He demanded that I do it.
D'ordaigh sé dom é a dhéanamh.	He ordered me to do it.
D'iarr sé orm é a dhéanamh.	He asked me to do it.

The implication that the action of the verbal noun was actually done may not be as strong with some of these, but many, especially the first few, are what most speakers use to translate 'make someone do something' or 'get someone to do something'.

To express the notion of making someone be in a particular physical or mental state, a construction similar to the English is used when the state is expressed by an adjective.

Tá mé tinn.	I am sick.
Rinne an t-iasc tinn mé.	The fish made me sick.
Tá sí leisciúil.	She is lazy.
Déanann an teas leisciúil í.	The heat makes her lazy.

But many such mental states are expressed by idioms, described in *Basic Irish*, Unit 24, which express the state by a noun which is *on* the person experiencing the state. The structure for causation in these cases uses the verb **cuir**; literally, someone puts the feeling on someone else.

Tá fearg air.	He is angry.
Chuir tú fearg air.	You made him angry.
Tá áthas orm.	I am happy/delighted.
Cuireann an dea-scéal sin áthas orm.	That good news makes me happy/delights me.

The cause of physical states and actions can also be expressed with **cuir** as in the following:

Tá sibh ag obair.	You are working.
Chuir an múinteoir ag obair sibh.	The manager put you to work/ made you work/got you to work.
Tá Cáit ina luí.	Cáit is lying down.
Chuir an dochtúir Cáit ina luí.	The doctor made Cáit lie down.

Permission

The expression of permission differs from English in similar ways. **Lig** 'let, allow' is used, with the person giving the permission as its subject. The person performing the action is introduced by the preposition **do**, and the action itself is an inverted verbal noun structure, as above.

Lig sé dom é a dhéanamh.	He let me do it.

'Give permission' is another way of expressing a similar situation.

Thug sé cead dom é a dhéanamh.	He permitted me to do it.

To ask permission, 'have I permission' is the literal form of the question.

An bhfuil cead agam é a dhéanamh?	May I do it?

Onsets

To express the start of a condition, English uses 'become' or 'get': 'She became angry', 'I got tired'. The Irish structure is similar. Traditionally, **éirigh** is used to mean 'become'.

D'éirigh mé tinn.	I became sick.
Éireoidh tú tuirseach.	You'll get tired.

Colloquially, it is becoming more common to hear **faigh** 'get' used in this sense as well, although the usage is still frowned upon in many quarters.

Tá sé ag fáil fuar.	It's getting cold.

However, these structures cannot be used for states expressed by *noun* + **ar** idioms (it would be like saying 'I am becoming sorrow'). Instead, one says that the condition comes onto the person.

Tá ocras orm.	I am hungry.
Tá ocras ag teacht orm.	I'm getting hungry.
An bhfuil fearg ort?	Are you angry?
An bhfuil fearg ag teacht ort?	Are you getting angry?
Bhí brón uirthi.	She was sad.
Tháinig brón uirthi.	She became sad.

In short, to describe states that English describes by adjectives ('I am _') different structures may be used in Irish. When describing the cause or onset of the state, it is important to know what the original Irish structure is, in order to express the cause or onset accurately.

Exercises

1 For each sentence below, rewrite it using three different idioms to indicate that you persuaded the person to do the action.

   1   Cheannaigh Mattias carr nua.
   2   Chuaigh Daithí ar saoire.
   3   Tháinig siad amach liom.
   4   D'fhoghlaim m'iníon Gaeilge.
   5   Léigh sé an nuachtán.
   6   Chonaic Bríd an scannán sin.
   7   Phéinteáil tú an chistin.

2 Rewrite each sentence above three ways to indicate you required the person to do the action.

3 For each situation described below, rewrite the sentence to indicate the cause of the situation (specified in parentheses). E.g.,

Tá Dónall tinn. (an bia)   →   Rinne an bia Dónall tinn.
Tá fearg orm. (tú)   →   Chuireann tú fearg orm.

   1   Tá imní uirthi. (cúrsaí airgid)
   2   Beidh áthas ar Mhaime. (do litir)
   3   Tá siad tuirseach. (an teas)
   4   Tá an leanbh ina chodladh. (Mamó)
   5   Tá slaghdán ar mo mhac. (an drochaimsir)
   6   Tá na cailíní ag gáire. (scéal grinn)
   7   Tá mé compordach. (an bhanaltra)
   8   Tá moill orm. (an bus)
   9   Bíonn faitíos ar na páistí. (an toirneach)
  10   Bhí na caoirigh ag rith. (an madra)

4 Rewrite each sentence below twice to signal that you gave permission for the event.

   1   Chuaigh na páistí chuig an trá.
   2   D'ith Eibhlín milseán eile.
   3   Choinnigh sé an leabhar.
   4   Cheannaigh Deirdre gúna nua.
   5   D'fhan Brian ina shuí níos deireanaí.
   6   Shnámh na buachaillí sa loch.
   7   D'imigh tú go luath.

5 Add something to each of the sentences below to indicate that the
situation is or was just beginning or getting underway.

   1 Tá tinneas cinn orm.
   2 Tá Cathal leisciúil.
   3 Beidh imní ar do chairde fút.
   4 Bíonn tart orm go minic.
   5 Tá an leabhar spéisiúil.
   6 Tá sé te.
   7 Bhí olc ar an múinteoir.
   8 Tá muintir na háite míshásta.
   9 Tá iontas orm.
   10 Tá drogall orm éirí.

6 Translate.

   1 The professor made the students do the exam again.
   2 I asked Úna to teach me German, but she was unable to.
   3 The smell from the kitchen is making me hungry.
   4 Seoirse persuaded me to go to the lecture.
   5 I got sick when I was in England.
   6 Máirtín's death made us sad.
   7 This news will surprise you.
   8 I'm getting a headache from the noise.
   9 The noise is giving me a headache.

Answers to exercises

1 1 Chuir mé ina luí ar Mhattias carr nua a cheannach. D'áitigh mé ar
Mhattias carr nua a cheannach. Thug mé ar Mhattias carr nua a
cheannach. 2 Chuir mé ina luí/D'áitigh mé/Thug mé ar Dhaithí dul ar
saoire. 3 Chuir mé ina luí/D'áitigh mé/Thug mé orthu teacht amach
liom. 4 Chuir mé ina luí/D'áitigh mé/Thug mé ar m'iníon Gaeilge a
fhoghlaim. 5 Chuir mé ina luí/D'áitigh mé/Thug mé air an nuachtán
a léamh. 6 Chuir mé ina luí/D'áitigh mé/Thug mé ar Bhríd an scannán
sin a fheiceáil. 7 Chuir mé ina luí/D'áitigh mé/Thug mé ort an chistin a
phéinteáil.

2 1 Chuir mé iallach ar Mhattias carr nua a cheannach/D'éiligh mé ar
Mhattias carr nua a cheannach/D'ordaigh mé do Mhattias carr nua a
cheannach. 2 Chuir mé iallach ar/D'éiligh mé ar Dhaithí dul ar
saoire/D'ordaigh mé do Dháithi dul ar saoire. 3 Chuir mé iallach/D'éiligh
mé orthu teacht amach liom/D'ordaigh mé dóibh teacht amach liom.

4 Chuir mé iallach/D'éiligh mé ar m'iníon Gaeilge a fhoghlaim. D'ordaigh mé do m'iníon Gaeilge a fhoghlaim. 5 Chuir mé iallach air/D'éiligh mé air/D'ordaigh mé dó an nuachtán a léamh. 6 Chuir mé iallach/D'éiligh mé ar Bhríd/D'ordaigh mé do Bhríd an scannán sin a fheiceáil. 7 Chuir mé iallach ort/D'éiligh mé ort/D'ordaigh mé duit an chistin a phéinteáil.

3 1 Tá cúrsaí airgid ag cur imní uirthi. 2 Cuirfidh do litir áthas ar Mhaime. 3 Tá an teas dá ndéanamh tuirseach. 4 Tá Mamó ag cur an linbh ina chodladh. 5 Tá an drochaimsir ag cur slaghdáin ar mo mhac. 6 Tá an scéal grinn ag cur na gcailíní ag gáire. 7 Tá an bhanaltra do mo dhéanamh compordach. 8 Tá an bus ag cur moille orm. 9 Bíonn an toirneach ag cur faitís ar na páistí. 10 Bhí an madra ag cur na gcaorach ag rith.

4 1 Lig mé do na páistí dul chuig an trá. Thug mé cead do na páistí dul chuig an trá. 2 Lig mé /Thug mé cead d' Eibhlín milseán eile a ithe. 3 Lig mé dó/Thug mé cead dó an leabhar a choinneáil. 4 Lig mé/Thug mé cead do Dheirdre gúna nua a cheannach. 5 Lig mé/Thug mé cead do Bhrian fanacht ina shuí níos deireanaí. 6 Lig mé/Thug mé cead do na buachaillí snámh sa loch. 7 Lig mé/Thug mé cead duit imeacht go luath.

5 1 Tá tinneas cinn ag teacht orm. 2 Tá Cathal ag éirí leisciúil. 3 Beidh imní ag teacht ar do chairde fút. 4 Tagann tart orm go minic. 5 Tá an leabhar ag éirí spéisiúil. 6 Tá sé ag éirí te. 7 Tháinig olc ar an múinteoir. 8 Tá muintir na háite ag éirí míshásta. 9 Tá iontas ag teacht orm. 10 Tá drogall ag teacht orm éirí.

6 1 Chuir an t-ollamh iachall ar na mic léinn an scrúdú a dhéanamh arís. 2 D'iarr mé ar Úna Gearmáinis a mhúineadh dom, ach ní raibh sí in ann. 3 Tá an boladh ón gcistin ag cur ocras orm. 4 Chuir Seoirse ina luí orm dul ag an léacht. 5 D'éirigh mé tinn nuair a bhí mé i Sasana. 6 Chuir bás Mháirtín brón orainn. 7 Cuirfidh an scéala seo iontas ort. 8 Tá tinneas cinn ag teacht orm ón torann. 9 Tá an torann ag cur tinneas cinn orm.

UNIT FIFTEEN
Higher numbers

In this unit, we return to numbers, looking at numbers above twenty, as well as ordinal numbers and a special set of numbers for people.

Decimal numbers

Counting by tens, the numbers from twenty up are given below, along with higher multiples of 100. These numbers cause no mutation on nouns following them. The standard forms are listed first, with some common variants discussed below.

fiche	twenty
tríocha	thirty
daichead	forty
caoga	fifty
seasca	sixty
seachtó	seventy
ochtó	eighty
nócha	ninety
céad	100
míle	1000
deich míle	10,000
céad míle	100,000
milliún	1,000,000

The numbers from twenty to ninety are clearly decimal, related to the numbers one to ten, with one exception. **Daichead** is a contraction of **dá fhichead** 'two twenties'. In parts of Connacht an uncontracted form is preferred, where the vowel /i/ of **fhichead** is clearly heard separately from that of **dá,** and the *d* is lenited as for 'two'. The alternative **dá scór** 'two score' is even more favored in some areas. This pattern of counting by twenties is often extended to the higher numbers, e.g., **trí fichid** or **trí scór** 'sixty' and **ceithre fichid/ceithre scór** 'eighty'. Conversely, younger Connemara speakers have decimalized the number forty, to **ceatharacha**. **Leathchéad** is sometimes substituted for **caoga** 'fifty'. For the purposes of the exercises, the numbers listed above will be used, but it is worth learning to recognize the other forms, as they are heard fairly frequently.

Between the decimals and upwards

Numbers such as twenty-three, seventy-eight, etc., are formed like the teens, introduced in *Basic Irish*, Unit 10, with the unit number first, followed by the noun counted, and the decimal. Some speakers use a special form **fichead** for counting in the twenties:

trí theach fiche (or **fichead**)	twenty-three houses
seacht leabhar daichead	forty-seven books
ocht gcathaoir seasca	sixty-eight chairs

With larger numbers, the unit number continues to be attached to the noun, but all other numbers come first:

céad duine	100 people
céad is cheithre pháipéar	104 papers
ocht gcéad caoga is naoi mbosca	859 boxes
dhá mhíle, trí chéad agus fiche euro	2,320 euros
sé mhilliún cúig céad, fiche is trí mhíle,	6,523,073 people
seachtó is trí duine	

The particle **is** separating decimal from unit numbers is a contracted form of **agus** 'and'. Alternative orders are sometimes found alongside the above; here is an alternate version of the last number: **sé mhilliún cúig céad trí is fiche míle, seachtó is trí duine**.

Increasingly, larger numbers are heard in a form parallel to English, although this usage is still widely considered incorrect in formal settings:

fiche cúig bliain	twenty-five years
céad seachtó naoi míle	179 miles

Personal numbers

When people are counted, a separate set of numbers is used from one to ten:

duine (amháin)	one person
beirt	two people
triúr	three people
ceathrar	four people
cúigear	five people
seisear	six people
seachtar	seven people
ochtar	eight people
naonúr	nine people
deichniúr	ten people

Throughout Munster Gaeltachtaí, **mórsheisear** is preferred over **seachtar**, and is widely recognized as an alternative elsewhere as well.

Personal numbers can stand alone, and do not need another word (like **duine**) with them. To specify particular types of people, however, they can be used with more specific nouns; these may be either singular or plural, depending on the speaker, but are singular in the Official Standard. Except for **beirt**, which lenites, personal numbers do not cause mutation on the nouns they count:

beirt fhear	two men
triúr cailín	three girls
ceathrar deirfiúr	four sisters
cúigear amhránaí	five singers
seisear buachaill	six boys
seachtar múinteoir	seven teachers
ochtar sagart	eight priests
naonúr bádóir	nine boatmen
deichniúr páiste	ten children

Bean 'woman' uses a special form after personal numbers above one: **cúigear ban** 'five women'.

Beirt 'two people' is a feminine noun, and is therefore lenited after **an**. The others are masculine and not lenited after the article.

an bheirt acu	the two of them, both of them
beirt bhan	two women
an cúigear acu	the five of them

Although a simple count of people begins with **duine**, **amháin** is optional and is always used with other nouns referring to people, exactly as with inanimate objects: **bean amháin** 'one woman', **buachaill amháin** 'one boy', **múinteoir amháin** 'one teacher', etc.

For numbers above ten, people are counted with ordinary numbers: (**déag** is lenited after a noun ending in a vowel).

aon duine dhéag	eleven people
cúig mhúinteoir déag	fifteen teachers
seacht mbuachaill déag	seventeen boys

An alternative form for 'twelve', **dáréag**, exists alongside **dhá dhuine dhéag**.

Occasionally nowadays, one hears the basic numerals used with words for people. However, this usage is still considered incorrect by many, and should be avoided by learners.

Ordinals

The last numbers to be introduced here are the ordinal numerals. As in English, 'first' and 'second' are rather irregular, but from three on, ordinals are characterized by the suffix -*ú*. Ordinal numbers usually occur with the article **an**, are identical for humans and non-humans, and most do not cause any consonant mutations.

an chéad cheann	the first one
an dara ceann	the second one
an cúigiú lá	the fifth day
an séú mac	the seventh son
an t-ochtú cara	the eighth friend

However, except for **céad** 'first', they do prefix *h* to nouns beginning with a vowel.

an tríu hoíche	the third night
an ceathrú hiníon	the fourth daughter

Like masculine nouns beginning with a vowel, **ochtú** takes a *t*- prefix after **an**, regardless of the gender of the noun being counted.

Céad 'first' is lenited after **an**. It alone of all the ordinal numbers also lenites the noun following it (except nouns starting with *d*, *t*, or *s*).

an chéad lá	the first day
an chéad duais	the first prize
an chéad mhac	the first son
an chéad bhean	the first woman

Common alternative forms of **dara** 'second' include **darna** in Connemara and **tarna** or **tara** in Munster: **an darna ceann/an tar(n)a ceann** 'the second one'. **Dóú** is also heard, and is standard in **an dóú cheann déag** 'the twelfth one'. Other ordinals above ten replace **céad** with **an t-aonú**, but otherwise use the same forms:

an t-aonú lá dhéag	the eleventh day
an t-aonú lá is fiche	the twenty-first day
an tríu lá is fiche	the twenty-third day

Ordinal numbers are used in giving dates of the month. Years use the basic numbers, as noted in *Basic Irish*, Unit 10.

3 Bealtaine 1989: an triú lá de Bhealtaine, naoi déag ochtó naoi
3 May 1989: the third day of May, nineteen eighty-nine

Fractions

Fractions include a few specialized terms: **leath** 'half', **ceathrú** 'quarter', and **trian** 'third' are the most commonly used fractions.

ceathrú	one-quarter
dhá thrian den daonra	two-thirds of the population
leath uair	half an hour

With whole numbers, **go leith** is used for 'half'.

uair go leith	an hour and a half
cúig leabhar go leith	five and a half books

Ordinal numbers (like **ceathrú**) are used for other fractions:

ochtú	one-eighth
trí sheachtú	three-sevenths

Cuid is often used with fractions when naming the object being divided:

an cúigiú cuid den bhia	a fifth of the food

Summary

The following lists show the four forms of numbers one to ten, with the irregularities highlighted in italics.

Basic	Before Nouns	Personal	Ordinal
aon	amháin (follows)	duine (amháin)	céad
dó	dhá	beirt	dara
trí	trí	triúr	tríú
ceathair	ceithre	ceathrar	ceathrú
cúig	cúig	cúigear	cúigiú
sé	sé	seisear	séú
seacht	seacht	seachtar	seachtú
ocht	ocht	ochtar	ochtú
naoi	naoi	naonúr	naoú
deich	deich	deichniúr	deichiú

Exercises

1 Write out the phrases in Irish.

1 twenty-five roads
2 200 fires
3 eighty-four cities
4 thirty-three universities
5 forty gallons
6 fifty boats
7 120 years
8 thirty-eight fields
9 1,000 miles
10 350 houses
11 sixty-two eggs
12 180 countries
13 1500 windows
14 800 names
15 sixty minutes
16 seventy-eight papers
17 6700 languages
18 fifty-two weeks
19 500 pieces
20 100 stories

2 Write the addition, including the answer, in words.

1 $23 + 32 =$
2 $133 + 322 =$
3 $50 + 30 =$
4 $10,000 + 1350 =$

    5 1945 + 61 =
    6 22 + 61 =
    7 108 + 41 =
    8 42 + 27 =
    9 53 + 14 =
  10 421 + 336 =

3 Convert the following to phrases using personal numbers instead of ordinary ones. Don't forget to change any mutations. E.g., 3 chara → <u>triúr cara</u>.

    1 5 mhúinteoir
    2 10 ngasúr
    3 6 bhuachaill
    4 8 gcailín
    5 9 mbúistéir
    6 2 bhean
    7 1 uncail
    8 3 dheartháir
    9 2 shagart
  10 4 fheirmeoir
  11 7 gceoltóir
  12 6 iníon

4 How many of these are there? Use personal numbers.

    1 wives of King Henry VIII
    2 musicians in a string quartet
    3 violinists in a string quartet
    4 members of a basketball team on court at one time
    5 dwarves living with Snow White
    6 members of a set of triplets
    7 members of the US Supreme Court
    8 members of The Beatles
    9 members of a jury (criminal trial)
  10 cyclists on a tandem bicycle

5 Do the arithmetic.

    1 cúigear + beirt =
    2 triúr + ceathrar =
    3 duine + cúigear =
    4 ochtar + beirt =
    5 ceathrar + ceathrar=

  6 duine + beirt =
  7 déichniúr – duine =
  8 ochtar – triúr =
  9 naonúr – cúigear =
  10 seisear – ceathrar =

6 Convert the following numbers to ordinals (adding the article to complete the phrase). E.g., trí leabhar → an triú leabhar

  1 seacht mbliana
  2 deich gcinn
  3 ceithre lá
  4 mí amháin
  5 trí áit
  6 naoi theach
  7 dhá dhuais
  8 sé huaire
  9 ocht deirfiúr
  10 cúig pháiste
  11 dhá sheans
  12 bóthar amháin

7 Write the following out in words

  1 ¾   6 ½ + ¼ =
  2 4½   7 ⅛ + ⅜ =
  3 ⅔   8 10 – ¾ =
  4 ½   9 8½
  5 ⅘   10 ⅓

Answers to exercises

1 1 cúig bhóthar fiche 2 dhá chéad tine 3 ceithre chathair ochtó 4 trí ollscoil tríocha 5 daichead galún 6 caoga bád 7 céad fiche bliain 8 ocht ngarraí tríocha 9 míle míle 10 trí chéad caoga teach 11 dhá ubh seasca 12 céad ochtó tír 13 míle cúig chéad fuinneog 14 ocht gcéad ainm 15 seasca nóiméad 16 ocht bpáipéar seachtó 17 sé mhíle seacht gcéad teanga 18 dhá sheachtain caoga 19 cúig chéad píosa 20 céad scéal

2 1 fiche trí + tríocha dó = caoga cúig 2 céad tríocha trí + trí chéad fiche dó = ceithre chéad caoga cúig 3 caoga + tríocha = ochtó 4 deich míle + míle trí chéad caoga = aon mhíle déag, trí chéad caoga 5 míle naoi gcéad

daichead cúig + seasca haon = dhá mhíle agus sé 6 fiche dó + seasca haon = ochtó trí 7 céad agus a hócht + daichead a haon = céad daichead a naoi 8 daichead dó + fiche seacht = seasca naoi 9 caoga trí + ceathair déag = seasca seacht 10 ceithre chéad fiche haon + trí chéad tríocha sé = seacht gcéad caoga seacht

3 1 cúigear múinteoir 2 deichniúr gasúr 3 seisear buachaill 4 ochtar cailín 5 naonúr búistéir 6 beirt bhan 7 uncail amháin 8 triúr deartháir 9 beirt shagart 10 ceathrar feirmeoir 11 seachtar ceoltóir 12 seisear iníon

4 1 seisear 2 ceathrar 3 beirt 4 cúigear 5 seachtar 6 triúr 7 naonúr 8 ceathrar 9 dhá dhuine dhéag *or* dáréag 10 beirt

5 1 seachtar 2 seachtar 3 seisear 4 deichniúr 5 ochtar 6 triúr 7 naonúr 8 cúigear 9 ceathrar 10 beirt

6 1 an seachtú bliain 2 an deichiú ceann 3 an ceathrú lá 4 an chéad mhí 5 an tríú háit 6 an naoú teach 7 an dara duais 8 an séú huair 9 an t-ochtú deirfiúr 10 an cúigiú páiste 11 an dara seans 12 an chéad bhóthar

7 1 trí cheathrú 2 ceathar go leith 3 dhá thrian 4 leath 5 ceithre cuigiú 6 leath + ceathrú = trí cheathrú 7 ochtú + cúig ochtú = sé ochtú (*or* trí cheathrú) 8 naoi agus cheathrú 9 ocht go leith 10 trian

UNIT SIXTEEN
Word formation I
Compounds

Most languages use a number of mechanisms to create new words from existing ones. The next few units will cover some of these mechanisms in Irish, beginning with compounds, words formed from two other words.

Transparent compounds

In the simplest cases the meaning of the compound is simply the combined meanings of its two parts, as in the following examples.

aerghunna	air gun
bogearraí	software
scórchlár	scoreboard
gormchló	blueprint
leathphionta	half-pint
dlúthbhaint	close connection
tráchtsolas	traffic light
ceannlíne	headline

Although the English translations are written sometimes as one word, sometimes as two, and sometimes hyphenated, the Irish equivalents are all single words. This is clear from the fact that in all such compounds the initial consonant of the second element is lenited, unless, as in **tráchtsolas**, a word beginning with *d*, *t*, or *s* follows one ending with any of these, *n* or *l* (the same rule that prevents lenition of feminine nouns beginning with these letters after **an** 'the'), or the initial letter can't be lenited (as in **ceannlíne**). Exceptionally, the second word is not lenited in **coiscéim** 'footstep' and a very few others.

Sometimes the English translation of one or both components isn't completely literal, but the meaning is still transparent from the parts:

spéirbhean	beautiful woman (**spéir** 'sky')
aoldath	whitewash (**aol** 'lime' + **dath** 'colour')
ardmhéara	Lord Mayor (**ard** 'high')
leathchailín	half-grown girl (**leath** 'half')
claoninsint	indirect speech (**claon** 'slanted' + **insint** 'telling')

In many cases, the English equivalent of an Irish compound may be a single word that is not itself a compound; the meaning may still be clear from the meanings of the Irish parts, so that the English translation can sometimes be guessed:

ainmliosta	catalogue (name + list)
geallchur	wager (bet + putting)
leathfhocal	hint (half + word)
biachlár	menu (food + board)

Other word classes

All examples given so far have been nouns, but compound adjectives and verbs are also common. Some examples:

Adjectives

leathmharbh	half-dead
ceanntrom	top-heavy
fadfholtach	long-haired
géarbhlasta	tart

Verbs

aisíoc	refund
naomhainmnigh	canonize
idirdhealaigh	differentiate
clóscríobh	type

Form changes

As already noted, the second word of a compound is normally lenited. A final vowel is often omitted from the first word:

bástchóta	waistcoat (**básta** = 'waist')
plátghloine	plate glass (**pláta** = 'plate')

Occasionally, a consonant may change from broad to slender to match the adjacent one; this will change the spelling of the vowel:

flichshneachta	sleet (**fliuch** 'wet')

Such changes are rare; usually the first element of a compound remains unchanged.

Hyphens are used when two vowels or identical consonants come together:

crua-earraí	hardware
taobh-bhóthar	side road
post-traein	mail train
gearr-radharcach	myopic
dearg-ghráin	intense hatred

Redundant compounds

Two words with the same or similar meaning may also combine with only slight meaning change:

lomnocht	naked
fannlag	very weak
órbhuí	golden
deargrua	bright red

Phrasal compounds

Phrases consisting of a noun followed by an adjective or modifying genitive noun also function as compounds, as in the following:

tiarna talún	landlord
teach ósta	pub
áras pobail	community center
teach pobail	church
bean tí	housewife, landlady

When these refer to a specific individual, the article **an** comes before the second noun if it is considered to be specific:

bean an tí	the housewife (She is in charge of a particular house.)
teach an phobail	the church (The building serves a particular congregation.)

But plural forms put the article before the first noun:

na mná tí	the housewives (Each in charge of a different house.)
na tithe pobail	the churches (Each for a separate congregation.)

When the second noun is non-specific, the article comes first in both singular and plural:

an tiarna talún	the landlord
na tiarnaí talún	the landlords

Note that in all cases, only the first of two nouns is plural.

Phrasal compound verbs consisting of a verb and directional adverb or preposition (or both) are very common, similar to English 'carry on', 'find out', etc. Several common examples are listed.

bain amach	reach, arrive at
croch suas	strike up (a song or tune)
cuir síos ar	describe
cuir isteach ar	interrupt, annoy
cuir siar	postpone
cuir suas le	tolerate, put up with
cuir/caith amach	vomit
caith anuas ar	put down, denigrate
déan amach	figure out
déan ar	approach, head for
éirigh amach	revolt
éirigh as	quit, give up
faigh amach	discover, find out
lig síos	let down
tabhair amach do	scold
tabhair suas	give up, relinquish

Phrases used as adjectives are rarer; here are two examples.

daoine mór-le-rá	important people, bigwigs
Tá sé ar nós cuma liom faoi.	He is indifferent to it.

Alternate forms

In some cases both single-word compounds and phrasal compounds can be found interchangeably, though particular regions may prefer one or the other:

ceolbhosca/bosca ceoil	melodeon
ceolchoirm /coirm ceoil	concert
nuachtpháipéar/páipéar nuachta	newspaper
talamhchrith/crith talún	earthquake
breithlá/lá breithe	birthday

Exercises

1 Try to guess the English translations of these compounds. Some will have literal translations; some won't.

   1 leathghalún
   2 crosbhóthar
   3 bándearg
   4 lámhdhéanta
   5 féinmharú
   6 dathdhall
   7 motarbhealach
   8 cosnochta
   9 bunchúrsa
   10 idirnáisiúnta

2 Given the meaning of the first word in each list, what do the others mean?

   1 **othar** a patient, invalid
      otharcharr
      otharluí
   2 **earraí** goods, wares
      crua-earraí
      bogearraí
      cré-earraí
   3 **uile** all
      uilechumhactach
      uileláithreach
   4 **muir** sea
      muirghlas
      muirbhealach
      muirghalar
      an Mheánmhuir
   5 **áras** building (often public)
      ceoláras
      busáras
   6 **sreang** string, cord
      sreangshiopaí
      sreangbhás

3 The Irish word for 'science' is **eolaíocht**. It is used in compounds to identify various academic subjects, similarly to the English suffix -*ology*, although it is not always translated with -*ology*. With this information, guess what disciplines the following name.

1 tíreolaíocht
2 réalteolaíocht
3 teangeolaíocht
4 bitheolaíocht
5 socheolaíocht
6 muireolaíocht
7 éaneolaíocht
8 galareolaíocht
9 miotaseolaíocht
10 síceolaíocht

4 Match the Irish compounds below with their corresponding English translations.

úllgharraí	vague idea
ceoldráma	e-mail
cóipinneall	backbiting, gossip
úrscéal	dizzy
leath-thuairim	orchard
griandaite	opera
ríomhphost	formal, pompous
ardnósach	photocopier
ceannéadrom	tanned
cúlchaint	novel

5 Make Irish compounds for the following.

1 motorbus
2 airline
3 newly-wed
4 high mass
5 dry-clean
6 copyright
7 short story
8 footstep
9 LP record
10 blueprint

6 Translate.

1 The housewife scolded the naughty children.
2 I headed for the church, but didn't reach it until noon.
3 Neasa has the flu; she's been vomiting since morning.
4 Don't interrupt when someone else is talking.

5 The bigshots postponed the meeting.
6 I can't tolerate Pól's wife; she puts everyone down.
7 When did you give up cigarettes?
8 Dónall was expecting help from his family, but they let him down.
9 Úna is angry because she just found out that Páidín told her a lie.
10 The landlord described the house carefully.

Answers to exercises

1 1 half gallon 2 crossroads 3 pink 4 handmade 5 suicide 6 color-blind
7 motorway 8 barefoot 9 beginning course 10 international

2 1 otharcharr- ambulance otharluí – sickbed 2 crua-earraí – hardware
bogearraí – software cré-earraí – earthenware 3 uilechumhactach –
omnipotent uileláithreach – ubiquitous 4 muirghlas – sea green
muirbhealach – sea route muirghalar – seasickness an Mheánmhuir –
the Mediterranean 5 ceoláras – concert hall busáras – bus terminus
6 sreangshiopaí – chain stores sreangbhás – lingering death

3 1 geography 2 astronomy 3 linguistics 4 biology 5 sociology 6 ocean-
ography 7 ornithology 8 pathology 9 mythology 10 psychology

4 úllgharraí, orchard; ceoldráma, opera; cóipinneall, photocopier; úrscéal,
novel; leath-thuairim, vague idea; griandaite tanned; ríomhphost, e-mail;
ardnósach, formal, pompous; ceannéadrom, dizzy; cúlchaint, backbiting,
gossip

5 1 motarbhus 2 aerlíne 3 nuaphósta 4 ardaifreann 5 tirimghlan 6
cóipcheart 7 gearrscéal 8 coiscéim 9 fadcheirnín 10 gormchló

6 1 Thug bean an tí amach do na páistí dána. 2 Rinne mé ar theach an
phobail, ach níor bhain mé amach é go dtí meánlae. 3 Tá an fliú ar Neasa;
tá sí ag caitheamh amach ó mhaidin. 4 Ná cuir isteach nuair atá duine
eile ag caint. 5 Chuir na daoine mór-le-rá siar an cruinniú. (or Chuir ...
an cruinniú siar) 6 Ní féidir liom cur suas le bean Phóil; caitheann sí anuas
ar 'chuile dhuine. 7 Cathain a thug tú suas na toitíní? (or Cathain a
d'éirigh tú as na toitíní?) 8 Bhí Dónall ag súil le cúnamh óna mhuintir,
ach lig siad síos é. 9 Tá fearg ar Úna, mar tá sí tar éis a fháil amach (or
dhéanamh amach) gur inis Páidín bréag di. 10 Chuir an tiarna talún síos
ar an each go cúramach.

UNIT SEVENTEEN
Word formation II
Prefixes and suffixes

In addition to compounding, Irish forms new words with prefixes and suffixes, which do not occur as separate words but change the meanings or functions of words they attach to.

Prefixes

Prefixes added to the beginning of words form new words of the same class, with added meanings drawn from the prefix. The first consonant of the word following the prefix is lenited if possible, and hyphens separate vowels or identical consonants.

Several prefixes give negative meaning to a word, similar to English 'un-', 'in-', 'dis-', 'mis-', etc. As in English, one cannot predict which prefix will be used with a particular word, and the Irish and English prefixes don't always match uniformly. **Droch-** 'bad', introduced in *Basic Irish*, can be attached to almost any noun.

drochdhuine	a bad person
drochaimsir	bad weather
drochairgead	counterfeit money

Other negative prefixes appear on a more limited selection of words. *Mí-* negates adjectives, nouns, or verbs:

sásta	pleased	**míshásta**	displeased
cruinn	round, exact	**míchruinn**	inexact
eagar	order	**mí-eagar**	disorder
rath	fortune	**mírath**	misfortune
fuaimnigh	pronounce	**mífhuaimnigh**	mispronounce
seol	sail, send	**mísheol**	misdirect

Neamh-, added to adjectives and some nouns, indicates absence of a characteristic:

coitianta	usual	**neamhchoitianta**	unusual
pholaitiúil	political	**neamhphoilitiúil**	apolitical
brí	meaning	**neamhbhrí**	insignificance
cion	affection	**neamhchion**	dislike

Somewhat less frequent, *an-* and *éa-* signal the opposite quality of the words combined with them:

uasal	noble	**anuasal**	ignoble
ord	order	**anord**	chaos
daingean	secure	**éadaingean**	insecure
dóchas	hope	**éadóchas**	despair

Following *éa-*, *t* and *c* change to *d* and *g*, respectively:

trom	heavy	**éadrom**	light
cóir	justice	**éagóir**	injustice

Verbs and some adjectives prefix *dí-* to indicate the reversal of an action:

armáil	arm	**dí-armáil**	disarm
ceangail	tie	**dícheangail**	untie

Some words can be negated by more than one prefix, with similar meaning:

ceart	right, correct	**mícheart, neamhcheart**	wrong, incorrect
múinte	polite, well-bred	**mímhúinte, drochmhúinte**	rude, ill-bred

Elsewhere, different prefixes convey subtle distinctions:

blas	taste	**drochbhlas**	a bad taste
		neamhbhlas	an insipid taste
tuiscint	understanding	**míthuiscint**	misunderstanding
		neamhthuiscint	incomprehension

Not all prefixes negate meaning. *Ath-* 'again' is used like 're-' in English:

líon	fill	**athlíon**	refill, replenish
craol	broadcast	**athchraol**	rebroadcast

Comh- means 'equal' or 'mutual, joint'. It often corresponds to 'co-' or 'con-' but may be translated in other ways.

tacaigh	support	**comhthacaigh**	corroborate
rá	speaking	**comhrá**	conversation
ard	tall	**comhard**	equally tall
ceol	music	**comhcheol**	harmony

The prefix *príomh-* means 'principal, primary':

príomhchathair	capital city
príomhoide	chief teacher, principal

The prefix *il-* means 'many' and *oll-* means 'great':

daite	coloured	**ildaite**	multi-coloured
cumas	ability	**ilchumas**	versatility
scoil	school	**ollscoil**	university
méid	size	**ollmhéid**	great size, hugeness

Fo- means 'under' and often translates the Latin prefix 'sub-'. *Frith-* 'against', is used for 'contra-' 'counter-' or 'anti-'

cupán	cup	**fochupán**	saucer
baile	town	**fobhaile**	suburb
cléireach	clerical	**frithchléireach**	anti-clerical
meáchan	weight	**frithmheáchan**	counter-weight

Suffixes

While prefixes usually change meanings in specific ways, creating new words of the same type, suffixes often change the part of speech, making adjectives from nouns, nouns from adjectives or verbs, verbs from nouns, etc. Four suffixes, *-ach*, *-úil*, *-mhar*, and *-ta* form adjectives from nouns. Final vowels and occasionally consonants of the original word may be omitted when a suffix is added.

freagra	answer	**freagrach**	answerable
náire	shame	**náireach**	shameful
suim	interest	**suimiúil**	interesting
stair	history	**stairiúil**	historical
ceo	fog	**ceomhar**	foggy
grian	sun	**grianmhar**	sunny
réasún	reason	**réasúnta**	reasonable
teorainn	limit, boundary	**teoranta**	limited

Several suffixes create nouns referring to people, especially professions, from another noun associated with the occupation.

-óir/dóir/tóir

bád	boat	**bádóir**	boatman
siopa	shop	**siopadóir**	shopkeeper
ceol	music	**ceoltóir**	musician

-éir

banc	bank	**baincéir**	banker
pinsean	pension	**pinsinéir**	pensioner

Somewhat less frequently, the endings *-aí* and *-aire* are used instead, e.g., **amhrán** 'song', **amhránaí** 'singer'; **iasc** 'fish', **iascaire** 'fisherman'. Not all nouns with these endings have unsuffixed forms, but they still refer to occupations: **cócaire** 'cook', **búistéir** 'butcher'.

Another suffix used for people is *-ach* (not to be confused with the adjective suffix described above), which is especially used for nationalities, such as **Éireannach** 'Irish person', **Sasanach** 'English person', but also occasionally for other roles, as in **státseirbhíseach** 'civil servant'.

Two suffixes, *-as*, and *-achar* form abstract nouns, which typically refer to the result or product of an action or state.

-as

buíochas	thanks (**buíoch** 'grateful')
ráiteas	statement (**rá** 'to say')

-achar

salachar	dirt (**salach** 'dirty')
lagachar	weakness (**lag** 'weak')

Of these, *-as* is the more common; it may contain an additional syllable, as in **bronntanas** 'gift' (**bronn** 'bestow'), or eliminate a final *ch* from an adjective, as in **deireanas** 'lateness' (**deireanach** 'late'). A longer form, *-(a)chas* is also used to create new nouns from other nouns or adjectives:

Béarla	English	**béarlachas**	anglicism
sean	old	**seanchas**	traditional lore
máthair	mother	**máithreachas**	motherhood

The suffix *-acht* can also be added to nouns or adjectives. When an adjective already ends in *-ach* just *-t* is added, and just *-cht* when it ends in *-a*. When a word ends in another vowel, the ending is *-ocht*.

dána	bold, naughty	**dánacht**	naughtiness
timpeall	around	**timpeallacht**	environment
compordach	comfortable	**compordacht**	comfort
te	hot	**teocht**	temperature

It may also be added to nouns already containing a suffix, especially those indicating professions.

péintéir	painter	**péintéireacht**	painting
scoláire	scholar	**scoláireacht**	scholarship
siopadóir	shopkeeper	**siopadóireacht**	shopping
amhránaí	singer	**amhránaíocht**	singing

Like the English suffixes that create new words, one cannot always predict which suffix will be added to a given word, but the meanings of the suffixes are usually readily recognizable.

Some suffixes signal smaller or larger than usual size. The main diminutive suffix is -*ín*.

bóthar	road	**boithrín**	lane
duilleog	leaf	**duilleoigín**	leaflet
teach	house	**teachín**	small house, cottage

Almost any noun can take this ending, to refer to a smaller version of the thing, but sometimes words ending in -*ín* do not have corresponding unsuffixed forms, e.g., **caipín** 'cap', **cailín** 'girl'.

The suffixes -*án* and -*óg* may have diminutive meaning as well:

loch	lake	**lochán**	pond, puddle
léine	shirt	**léinteog**	little shirt

These are less common than -*ín*, however, and the historical diminutive meaning is not always evident in these suffixes. Sometimes different suffixes may be used on a single stem, with varying meanings:

toit	smoke	**toitín**	cigarette	**toiteog**	cigar
cis	crate	**ciseán**	wicker basket	**ciseog**	shallow basket
milis	sweet	**milseán**	candy	**milseog**	dessert

The suffix -*lann* is added to nouns to identify a place associated with the original noun:

leabhar	book	**leabharlann**	library
dán	poem, art	**dánlann**	art gallery

Exercises

1 Given the meaning of the simple word, what does the prefixed word mean?

1	**meas** respect	drochmheas (also mímheas)
2	**cúramach** careful	míchúramach
3	**ball** member	neamhbhall
4	**iompair** conduct	mí-iompair
5	**fostaithe** employed	dífhostaithe
6	**cruth** shape	anchruth
7	**díreach** direct	neamhdhíreach
8	**tuiscint** understanding	míthuiscint
9	**domhain** deep	éadomhain
10	**macánta** honest	mímhacánta
11	**lárnach** central	dílárnach
12	**coiteann** common	éagoiteann
13	**caoi** condition	droch-chaoi
14	**folláin** wholesome	anfholláin
15	**cinnte** certain	neamhchinnte

2 Add an appropriate prefix from this unit to each of the words listed to create the meanings given.

bóthar, bríste, brón, ciall, díol, daite, margadh, nimh, oifig, pósadh, rá, scríobh

1 rewrite
2 polygamy
3 synonymy
4 supermarket
5 head office
6 antidote
7 resale
8 sympathy
9 underpants
10 multi-coloured
11 repeat
12 main road

3 Guess the meaning of the following professions.

1 iriseoir
2 gruagaire

3 scríbhneoir
4 péintéir
5 tabhairneoir
6 dlíodóir
7 píobaire
8 leabharlannaí
9 feirmeoir
10 scéalaí

4 Match the following words to their English translations.

aontas   broadcaster
innealtóir   snobbish, pompous
míosúil   union
ballraíocht   environment
craoltóir   restaurant
timpeallacht   guide
cúntóir   engineer
treoraí   monthly
ardnósach   membership
bialann   assistant

5 Find an unsuffixed word from which each of the following is likely to be derived. Remember that vowels and consonants may change slightly as prefixes and suffixes are added.

1 múinteoir   teacher
2 oideachas   education
3 rúnaí   secretary
4 teas   heat
5 leisciúil   lazy
6 muintearas   friendliness, kinship
7 coimeádach   conservative
8 déagóir   teenager
9 rialtas   government
10 trodach   quarrelsome
11 paidrín   rosary
12 fiosrach   nosy, inquisitive

6 Using appropriate suffixes and prefixes, create families of related words based on the first word given.

1 **cló** print
   printer

type
reprint
typewriter
typist
2 **oifig** office
official
officer
head office
unofficial
3 **beo** alive
animation, life
lively
revival
lifeless, dead
listless, moribund
4 **misneach** courage
courageous
courageousness
encourage
discouragement
discouraged
5 **teanga** tongue, language
multilingual
bilingualism
linguist
language lab

Answers to exercises

1 1 disrespect, contempt 2 careless 3 non-member 4 misconduct 5 unemployed 6 deformity 7 indirect 8 misunderstanding 9 shallow 10 dishonest 11 decentralized 12 uncommon 13 bad condition 14 unwholesome 15 uncertain

2 1 athscríobh 2 ilphósadh 3 comhchiall 4 ollmhargadh 5 príomhoifig 6 frithnimh 7 athdhíol 8 comhbhrón 9 fóbhríste 10 ildaite 11 athrá 12 príomhbhóthar

3 1 journalist 2 hairdresser 3 writer 4 painter 5 publican 6 lawyer 7 piper 8 librarian 9 farmer 10 storyteller

4 aontas 'union'; innealtóir 'engineer'; míosúil 'monthly'; ballraíocht 'membership'; craoltóir 'broadcaster'; timpeallacht 'environment'; cúntóir

'assistant'; treoraí 'guide'; ardnósach 'snobbish, pompous'; bialann 'restaurant'

5 1 múin 'teach' 2 oide 'teacher, tutor, mentor' 3 rún 'secret' 4 te 'hot' 5 leisce 'sloth' 6 muintir 'family' 7 coimeád 'keep' 8 -déag '-teen' (deich 'ten') 9 riail 'rule' 10 troid 'fight' 11 paidir 'prayer' 12 fios 'knowledge'

6 1 clódóir clóscríobh athchló clóscríobhneoir clóscríobhaí 2 oifigiúil oifigeach príomhoifig neamhoifigiúil 3 beocht beomhar athbheochán neamhbheo díbheo 4 misniúil misniúlacht misnigh mímhisneach mímhisniúil 5 ilteangach dátheangachas teangeolaí teanglann

UNIT EIGHTEEN
Prepositions III

In this unit, the remaining prepositional pronoun forms will be introduced. These are less frequent than those presented in *Basic Irish*, but some are found regularly in certain idioms. We will also discuss the last case form, the dative, which is still sometimes found with prepositions.

Roimh **and** chuig

Roimh 'before, ahead of' and **chuig** 'to, toward' are perhaps the most frequently used of the prepositions in this unit. Pronoun forms of **roimh** are particularly common in the phrase **(cur) fáilte roimh** '(to) welcome', as in **fáilte romhat** '(you are) welcome'. **Roimh** is also used in the idiom **faitíos (eagla) a bheith ar dhuine roimh rud** 'to be afraid of something'. **Chuig** is used instead of **do** when actual movement is involved (as in sending something to someone, or approaching someone). Pronoun forms of these prepositions are shown below:

	roimh 'before'	**chuig** 'to, toward'
Singular		
1 me	**romham**	**chugam**
2 you	**romhat**	**chugat**
3 him	**roimhe**	**chuige**
her	**roimpi**	**chuici**
Plural		
4 us	**romhainn**	**chugainn**
5 you	**romhaibh**	**chugaibh**
6 them	**rompu**	**chucu**

Nouns without articles are lenited after **roimh**: **roimh Sheán** 'before Seán', but not after **chuig**: **chuig Seán** 'to Seán'. In some dialects, the pronunciation of **chuig** is reduced in fast speech, so that it sounds indistinguishable from **ag** and some people even write it as **ag**.

Thar **and** trí

Prepositional pronoun forms are used more rarely with **thar** 'over, past, beyond' and **trí** 'through', but they are found occasionally. Some dialects pronounce **trí** as if lenited: **thrí**.

		thar 'over, past'	**trí** 'through'
1	me	**tharam**	**tríom**
2	you	**tharat**	**tríot**
3	him	**thairis**	**tríd**
	her	**thairsti**	**tríthi**
4	us	**tharainn**	**trínn**
5	you pl.	**tharaibh**	**tríbh**
6	them	**tharstu**	**tríothu**

Nouns accompanied by the article **an** undergo eclipsis after both forms in the Standard and most spoken dialects. Before **an**, **trí** becomes **tríd**: **tríd an gcathair** 'through the city.' Without **an**, nouns are usually lenited after both prepositions.

Chuaigh sé thar theach bán.	He went past a white house.
Chaith mé an liathróid thar bharr an tí.	I threw the ball over the top of the house.
Chuaigh siad trí Pharas.	They went through Paris.

But **thar** does not lenite consonants in idiomatic expressions or those referring to general, unspecific locations:

thar barr, thar cionn	tip-top, excellent
thar sáile	overseas
thar bord	overboard

Dative case

Vestiges of a dative case, used after prepositions in older forms of Irish, can still be found in some fixed expressions, as well as in proverbs, songs, and poetic language. It is not used in the spoken language but is worth recognizing when it appears.

Most nouns don't have distinct dative forms. Those that do are mainly feminine nouns ending in a broad consonant; in the dative their consonant becomes slender.

tonn	wave	**ar toinn**	at sea
bréag	lie	**gan bhréig**	without a lie, truthfully

Because the dative form is mostly limited to set expressions, one also finds non-dative forms after prepositions: **ón tonn** 'from the wave', **mar gheall ar an mbréag** 'because of the lie'. Phrases that regularly use a dative form must simply be learned as idioms.

Feminine nouns ending in *-ach* have dative forms ending in *-igh*, as in this line from *An Pótaire ag moladh uisce beatha* 'The Drunkard in Praise of Whiskey', a poem by the nineteenth-century poet Antaine Raifteraí.

Is dá dtugtá braon don chailligh de, do rithfeadh sí duit rása.
And if you gave a drop of it to the old woman [**cailleach**], she'd run you a race.

Other nouns have a slightly more differentiated dative form, which may not be listed in dictionaries. Nouns with the vowel *ia* change in the dative to *éi*.

pian	pain	**i bpéin**	in pain
ciall	sense	**gan chéill**	without sense
		cur i gcéill	deception, pretense
grian	sun	**bolg-le-gréin**	sunbathing

Again, the dative is not always used, except in certain idioms. One might also hear **i bpian** 'in pain' from some speakers, or **ón ngrian** 'from the sun', etc. Dative forms are common in poetic language, however.

Bean 'woman' has an irregular dative, **mnaoi**, seen in the proverb:

Tabhair do ghrá dod mhnaoi, is do rún dod mháthair.
Give your love to your wife and your secret to your mother.

Other irregular dative forms are illustrated below in commonly found phrases:

ceann	head	**thar cionn**	excellent, terrific
lá	day	**uair sa ló**	once a day
Éire	Ireland	**in Éirinn**	in Ireland
Alba	Scotland	**in Albain**	in Scotland

The original dative of **teach** 'house' is still used, most notably in the phrase that means 'at the home or business of _____', as in French 'chez' or German 'bei':

Bhí seisiún iontach aréir tigh Chóilín.
There was a great session at Cóilín's place last night.

Ceannaím mo chuid feola tigh Bhrogan.
I buy my meat from Brogan's (shop).

Tigh (also sometimes spelled **toigh, teigh**) is also common in the Irish names of Gaeltacht pubs, such as **Tigh an Táilliúra** in An Cheathrú Rua, **Tigh Hughes** in An Spidéal, or **Tigh Bhric** on the Dingle Peninsula. It is found in numerous proverbs, and in the curse:

Téigh i dtigh an diabhail.   Go to the devil('s house).

Cois, the dative of **cos**, is also used this way in place-names such as Cois Fharraige in County Galway, literally 'beside the sea'.

The dative plural always ends in -*ibh,* regardless of what the ordinary plural might be. Some examples:

lán an tí de dhaoinibh   a houseful of people
céad agus fiche de mhíltibh fear   120,000 men

Some modern nouns with slender final consonants were originally dative forms which have taken over altogether and are now used exclusively as the common form in Standard Irish (instead of an earlier nominative, the usual source of the Common Case). Some familiar examples include **maidin** 'morning', **aimsir** 'weather, time', **gruaig** 'hair', among others. The earlier nominative forms, still used in some dialects, can be seen in dictionaries, cross-referenced to these better-known forms.

Exercises

1 Fill in the correct preposition in the following sentences.

1 Scríobh litir _____ do mháthair!
2 Shiúil sé _____ an teach, gan stopadh.
3 D'éirigh mé go moch agus tháinig mé _____dhuine ar bith eile.
4 Ba mhaith le Diarmaid dul ag staidéar _____ sáile.
5 Beidh fáilte _____ gach duine.
6 Tá sé _____ am duit teacht; tá mé ag fanacht uair a chloig.
7 Tá mé _____ na chéile leis an méid obair atá le déanamh.

8   An bhfuil tú ag dul _____ faoistín an tseachtain seo?

9   Bhreathnaigh mé isteach _____ an bhfuinneog.

10 Sin é an ceann is fearr liom, _____ ceann ar bith eile.

2   Fill in a prepositional pronoun from this unit to match the underlined word.

1   Chuaigh sé _____ gan labhairt <u>liom</u>.

2   Tá céad míle fáilte _____, <u>a chairde</u>.

3   Ní shnámhfaidh mé <u>san fharraige</u>, ach siúlfaidh mé _____.

4   An bhfeiceann tú <u>an droichead mór thall</u>? Caithfidh tú tiomáint _____.

5   Ba cheart <u>dúinn</u> stopadh go rachaidh an carr sin taobh thiar dúinn _____.

6   Ní raibh mé i <u>mBéal an Átha</u> riamh, ach téim _____ ar an mbus go minic.

7   Níor chuala mé scéal <u>ó mo chairde</u> fós ach scríobhfaidh mé _____ inniu.

8   Tá <u>an tiarna talún</u> ag iarraidh mo chíos; seolfaidh mé _____ é amárach.

9   Tá eolas maith aige ar <u>na sráideanna seo</u>; bíonn sé ag tiomáint tacsaí _____ .

3   Answer the questions, using a pronoun form of one of the prepositions in this lesson.

1   An mbeidh tú ann roimh do chairde?

2   Ar sheol tú an t-airgead chugam fós?

3   An gcuirfidh siad fáilte romhaibh?

4   An ndeachaigh siad tríd an bpáirc?

5   Ar shiúil tú thar Dhroichead Golden Gate riamh?

6   An rachaidh sibh trí Pháras ar bhur laethanta saoire?

7   Ar scríobh tú chuig do dheirfiúr?

8   An bhfuil faitíos ort roimh mhadraí?

9   An raibh tú ann roimh an léacht?

10 An seolfaidh mé seic chugat?

4   Identify the dative forms in the following excerpts (not all nouns will be dative in form, even after prepositions).

1   Na héanacha mara ag scairteadh go léanmhar, cosúil le anamnacha bochta i bpéin.
    'Sea birds crying mournfully, like poor souls in pain' (Clannad, *Thíos Cois na Trá*).

2   An bhfaca tú mo spéirbhean 's í taobh leis an toinn
    Fáinní óir ar a méaraibh,'is í ag réiteach a cinn?
    'Have you seen my beautiful one down by the wave,
    'Gold rings on her fingers, and she fixing her hair?'
    (*An Chúileann*, trad.).

3   Is preabaire i dtoirt, i gcorp 'is i gcnámh é; cá bhfuil a locht i gcois
    nó i láimh dhe?
    'He's a rouser in size, body, and bone; where is his fault, in his
    foot or his hand?' (Brian Merriman, *Cúirt an Mheán-Oíche*).

4   Aon phóigín amháin, is é d'fháil ó bhean an fhir ruaidh.
    'to get just one kiss from the red haired man's wife' (*Bean an Fhir
    Ruaidh*, trad.).

5   bean nach cuirfeadh lámh fám chionn, bean nach luighfeadh liom
    ar ór.
    'a woman who wouldn't put her arm round my head, who
    wouldn't lie with me for gold'. (*Sí mo Ghrádh*, trad.).

6   Tháinig mo ghrá-sa le mo thaobh, guala ar ghualainn, agus béal ar
    bhéal
    'My love came to my side, shoulder to shoulder and mouth to
    mouth.' (*Mo bhrón ar an bhFarraige*, trad.).

7   Féach anois mé, is m'aghaidh le Balla, ag seinm ceoil do phócaibh
    falamh
    'Look at me now, facing Balla, playing music to empty pockets'
    (*Mise Raiftearaí*).

8   Bíonn teas go síoraí i ngréin ann, is gan fuacht ar bith sa
    ngaoth.
    'There's always heat in the sun and no cold in the wind.'
    (Raiftearaí, *Béal Atha Ghártha*).

9   Thugas léim go tairsigh
    'I gave a leap to the threshold' (Eibhlín Ní Chonaill, *Caoineadh
    Airt Uí Laoghaire*).

10   's a chraobh chumhra cad as a dtabharfá do leabhar i mbréig?
    'my fragrant branch, o what made you swear a lie?' (*An
    Droighneán Donn*, trad.).

11   Is iad a dhearbhaigh na leabhartha go humhal sa mbréag
    'It's they who obediently swore a perjured oath' (*Na Connerys*,
    trad.).

12   Nuair is crua don chailleach, caithfidh sí rith.
    'When it's hard for the old woman, she must run' (Proverb).

13   Dhá bhó bhuí le taobh na gaoithe, ceann sa ló agus ceann san
    oíche.
    'Two yellow cows beside the wind, one by day and one by night'
    (Riddle).

14 Ó scriosadh Traí mar gheall ar mhnaoi
    'Since Troy was destroyed because of a woman' (Raifteараí, *Peigi Mitchell*)
15 Buaite, ceannaithe ceangailte pósta ... ag cailligh
    'captured and bought, in marriage bound ... to a hag' (Brian Merriman, *Cúirt an Mheán-Oíche*)
16 Ó thigh an deamhain go tigh an diabhail.
    'From the demon's house to the devil's' (Proverb).
17 Duine gan stór, a ghlór ní meastar i gcéill.
    'A person without wealth, his speech is not considered sensible' (Proverb).
18 Faoi Nollaig bíonn bláth ar na crannaibh ag fás ann.
    'At Christmastime flowers grow on the trees there' (Raifteараí, *Liam Ó Ceallaigh*).

5 Translate the following.

1   I was upset yesterday, but I'm terrific today.
2   I hope you're not afraid of high places.
3   It's so cold, it feels that the wind would go straight through you.
4   We went over the river and through the woods to Grandma's house.
5   Here is Brian, coming towards us.
6   If you go to the school in the evening, you'll be welcome at the play.
7   It would be terrific to sunbathe on the beach.
8   Are you (plural) staying at Máirtín's?
9   One hears nothing from him but lies and deception.
10 She only eats twice a day.

Answers to exercises

1 1 Scríobh litir chuig do mháthair! 2 Shiúil sé thar an teach, gan stopadh. 3 D'éirigh mé go moch agus tháinig mé roimh dhuine ar bith eile. 4 Ba mhaith le Diarmaid dul ag staidéar thar sáile. 5 Beidh fáilte roimh gach duine. 6 Tá sé thar am duit teacht; tá mé ag fanacht uair a chloig. 7 Tá mé trí na chéile leis an méid obair atá le déanamh. 8 An bhfuil tú ag dul chuig faoistín an tseachtain seo? 9 Bhreathnaigh mé isteach tríd an bhfuinneog. 10 Sin é an ceann is fearr liom, thar ceann ar bith eile.

2 1 Chuaigh sé tharam gan labhairt liom. 2 Tá céad míle fáilte romhaibh, a chairde. 3 Ní shnámhfaidh mé san fharraige, ach siúlfaidh mé tríthi. 4 An bhfeiceann tú an droichead mór thall? Caithfidh tú tiomáint thairis.

5 Ba cheart dúinn stopadh go rachaidh an carr sin taobh thiar dúinn tharainn. 6 Ní raibh mé i mBéal an Átha riamh, ach téim tríd ar an mbus go minic. 7 Níor chuala mé scéal ó mo chairde fós ach scríobhfaidh mé chucu inniu. 8 Tá an tiarna talún ag iarraidh mo chíos; seolfaidh mé chuige é amárach. 9 Tá eolas maith aige ar na sráideanna seo; bíonn sé ag tiomáint tacsaí tríothu.

3   1 Beidh (or ní bheidh) mé ann rompu. 2 Sheol (níor sheol) mé an t-airgead chugat. 3 Cuirfidh (ní chuirfaidh) siad fáilte romhainn. 4 Chuaigh (ní dheachaigh) siad tríthi. 5 Shiúil (níor shiúil) mé thairis. 6 Rachaimid (ní rachaimid) tríd. 7 Scríobh (níor scríobh) mé chuici. 8 Tá (níl) faitíos orm rompu. 9 Bhí (ní raibh) mé ann roimhe. 10 Seol (ná seol) seic chugam.

4   1 bpéin. 2 an toinn, méaraibh 3 gcois, láimh 4 none 5 chionn 6 ghualainn 7 phócaibh 8 ngréin 9 tairsigh 10 mbréig? 11 none 12 none 13 ló 14 mhnaoi 15 cailligh 16 thigh, tigh 17 gcéill. 18 crannaibh

5   1 Bhí mé trí na chéile inné, ach tá mé thar cionn inniu. 2 Tá súil agam nach bhfuil faitíos ort roimh áiteanna arda. 3 Tá sé chomh fuar sin, airíonn sé go rachadh an ghaoth díreach tríot. 4 Chuaigh muid thar an abhainn agus trí na coillte go tigh Mhamó. 5 Seo é Brian, ag teacht chugainn. 6 Má théann tú chuig an scoil um tráthnóna, beidh fáilte romhat ag an drama. 7 Bheadh sé thar cionn bolg-le-gréin a dhéanamh ar an trá. 8 An bhfuil sibh ag fanacht tigh Mháirtín? 9 Ní chloistear uaidh ach bréaga agus cur i gcéill. 10 Ní itheann sí ach dhá uair sa ló.

UNIT NINETEEN
Prepositions IV
Review of genitive case

This unit describes the phrases known as compound prepositions, along with remaining prepositions not previously introduced.

Compound prepositions

Compound prepositions consist of one of the prepositions previously introduced, followed by a noun; these phrases function as single prepositions in their meanings. They sometimes translate as English compounds (e.g., 'on top of'), but often they translate as single prepositions. Irish has dozens of compound prepositions; only some of the most common will be introduced here.

Many compound prepositions, such as those below, express location or time relationships.

Location		*Time*	
os comhair	in front of, opposite	**i gceann**	at the end of, in (time)
os cionn	above, over, more than	**faoi cheann**	by the end of, within
i lár	in the middle of		
ar fud	throughout, among	**go ceann**	for (a duration)
i ndiaidh, i ndéidh	after, behind	**ar feadh**	during, throughout
		tar éis	after
i measc	among, in the midst of	**le linn**	during (a time period)
in aghaidh	against	**i rith, i**	during
ar bharr	on top of	**gcaitheamh**	

More abstract relations can also be expressed by compound prepositions, such as the following:

ar nós	like, as	**d'ainneoin**	in spite of, despite
de bharr	as a result of, because of	**ar son**	for the sake of
i dtaobh	about, concerning	**in áit/ionad**	in place of, instead of
le haghaidh	for	**i gcóir**	in readiness for
le taobh	compared with, besides	**de réir**	according to

Nouns following compound prepositions are in the genitive case.

os comhair an tí	in front of the house
ar fud na tíre	throughout the country
i measc na ndaoine	among the people
tar éis an dínnéir	after dinner
ar feadh na bliana	throughout the year
go ceann seachtaine	for a week
ar son na cúise	for the cause
i dtaobh na bpáistí	about the children
i lár an bhaile	in the middle of town
i rith an ama sin	during that time

If the object of the compound preposition is a pronoun, it will appear as a possessive particle (*Basic Irish*, Unit 22):

os mo chionn	above me
inár measc	among us
i do dhiaidh	after you
lena thaobh sin	besides that
ar a shon	for his sake
ina n-aghaidh	against them

Non genitive compounds

In colloquial speech one may hear certain compound prepositions followed by an ordinary, non-possessive pronoun, as in:

ar nós thú féin	like yourself

In other cases, a compound preposition may both begin and end with a preposition, and in these cases, no genitive form is required for either nouns or pronouns. A widely found example is the phrase **mar gheall ar** or **i ngeall ar** 'because, on account of'.

mar gheall ar an stailc	because of the strike
i ngeall ar Shinéad	because of Sinéad

i ngeall air sin	on account of that
mar gheall ortsa	because of you

Some compound prepositions can be found in two synonymous forms, one followed by a genitive noun (or preceded by a possessive pronoun) and the other, with an added preposition, followed by the same forms found with simple prepositions. For example, **in aice** and **in aice le** both mean 'near, next to'.

Tá crann ard in aice an tí.	
Tá crann ard in aice leis an teach.	A tall tree is next to the house.

Genitive following simple prepositions

A few simple prepositions also require the genitive case on nouns following them. The most common ones are **timpeall** 'around', **chun** 'to, toward', **trasna** 'across'.

timpeall an tí	around the house
chun na Gaillimhe	to Galway
trasna na sráide	across the street

Summary of the genitive case

The table below summarizes the main situations, introduced throughout this and the preceding volume, where the genitive case is required.

Uses of the genitive case

Noun which refers to a:

Possessor of another	**teach an tsagairt**	the priest's house
Quality/type of another	**lá geimhridh**	a winter day
Part of a larger whole	**doras an tí**	the door of the house
Material something is made of	**teach adhmaid**	a house of wood

Noun which follows:

A verbal noun	**ag moladh an tsagairt**	praising the priest
A quantity word	**an iomarca sagart**	too many priests
	neart sagart	plenty of priests
A noun of type	**saghas sagairt**	a kind of priest
A compound preposition	**ar nós an tsagairt**	like the priest
Certain other prepositions	**chun an tsagairt**	to the priest

Exercises

1 Underline all the nouns in genitive contexts below (they may or may not have a distinct genitive form) and identify the reason for the genitive usage.

   1 Tá an suíochán adhmaid seo míchompordach.
   2 Fuair sí a cuid Gaeilge i nGaeltacht Chiarraí.
   3 Trasna an bhóthair, tá teach bán le taobh na habhann, agus cránn mór os comhair an tí.
   4 Nuair a bhí mé óg, bhínn ag caitheamh an tsamhraidh tigh m'uncail.
   5 Déanann sé obair oifige, ach ní maith leis an cineál oibre sin; b'fhearr leis a bheith ag múineadh scoile.
   6 Nuair a tháinig mac Sheáin isteach, bhí na fir ag imirt chártaí.
   7 Fuair Mícheál post nua ag comhlacht gnó i lár an bhaile.
   8 Ní ólann sí anois, mar tá sí ag iompar cloinne.
   9 Táthar ag fás glasraí i dtithe gloine sa gceantar seo.
   10 Lá breá samhraidh, is maith linn dul chuig an linn snámha, ach bíonn an iomarca daoine ann go hiondiúil.

2 Select an appropriate compound preposition to fill the gap.

   1 Tá an díon _____ an tí.
   2 Tá mé ag dul go hAlbain agus beidh mé ag fanacht ann_____ bliana.
   3 Tá a shiopa díreach _____ na cathrach.
   4 Tá gáirdín breá acu _____ an tí, ach níl mórán taobh thiar de.
   5 Nuair a bhí m'iníon ag déanamh staidéar thar sáile, rinne sí taisteal _____ na hEorpa.
   6 Tá siad ag bailiú airgid _____ na ndaoine bochta.
   7 Beidh cuairteoirí ag fanacht linn _____ míosa.
   8 An bhfuil sibh ag troid _____ a chéile?
   9 Itheann sé _____ muice.
   10 Beidh mé ar ais _____ uaire.

3 Change the genitive noun following the preposition to a pronoun that matches it in gender and number.

   1 Beidh mé ag votáil in aghaidh Thomáis Uí Mháille.
   2 Dúirt sí leis an sagart guí ar son a máthair.
   3 Tá Máirtín ag tiomáint i ndiaidh mise agus Bhríd.
   4 Tá imní orthu i dtaobh a gcairde.
   5 Cad a d'fheicfinn os comhair mo shúile ach an t-uachtarán!
      [Say 'in front of me']

6 Bhi go leor strainséaraí i measc na ndaoine.
7 Rith Caitlín an rás is fearr, ach ní raibh Nóra i bhfad i ndiaidh
   Chaitlín.
8 Croch an pictiúr os cionn na tine.
9 Tá mé an-bhuíoch díot go ndearna tú an méid sin ar son mo mhic.
10 Is féidir libh dul amach i ndiaidh an dinnéir.

4 Put the noun or pronoun in parentheses into its appropriate form, genitive
   or common, depending on the context.

1 Tá an capall ag rith timpeall _____ (an pháirc).
2 Tá mo mháthair ag iarraidh dul chun _____ (an baile mór).
3 Tá mo mháthair ag iarraidh dul go dtí _____ (an baile mór).
4 De bharr _____ (an troid) cuireadh an cruinniú siar.
5 Bí cúramach nuair a shiúlann tú trasna _____ (an tsráid).
6 Má tá tú tinn, ba cheart duit dul chuig _____ (an dochtúir).
7 Ná himigí gan _____ (mé).
8 De réir _____ (na feirmeoirí), ní raibh an t-earrach sách
   fliuch.
9 Fanfaidh mise in áit _____ (tú).
10 Tá an féar ag fás níos fearr in aice _____ (an teach) ná in aice
   leis _____ (an bóthar).
11 Níor fhan mé i bhfad mar gheall ar _____ (an t-am).
12 Tá éan ag eitilt os cionn _____ (na crainn).
13 Réitigh an bord i gcóir _____ (an dinnéar).
14 D'airigh mé go maith tar éis _____ (an tsaoire).
15 Téigh suas go dtí _____ (é) agus labhair leis.

5 Genitive review. Translate.

1 Tomás is singing the song that I like.
2 How will you go across the river?
3 My parents' house is on top of the hill.
4 She has too much money; she should give some of it to the
   children's hospital.
5 We would prefer fish instead of meat.
6 Compared to hurling, a football game is slow.
7 I'll call you in a week, and we'll have plenty of time to talk.
8 They stayed there during the entire day, discussing the
   question.
9 The clock above the door is broken. I'll need a lot of time to
   fix it.
10 Look around the house; the landlady is repainting the kitchen
   and the bedrooms.

Answers to exercises

1 1 Tá an suíochán_adhmaid seo míchompordach. *substance noun* 2 Fuair
sí a cuid Gaeilge i nGaeltacht Chiarraí. *quantity word, part of whole* 3
Trasna an bhóthair, tá teach bán le taobh na habhann, agus cránn mór
os comhair an tí. *preposition requiring genitive, compound preposition,
compound preposition* 4 Nuair a bhí mé óg, bhínn ag caitheamh an
tsamhraidh tigh m'uncail. *verbal noun, possessor* 5 Déanann sé obair
oifige, ach ní maith leis an cineál oibre sin; b'fhearr leis a bheith ag
múineadh scoile. *noun of type, after type noun, verbal noun* 6 Nuair a
tháinig mac Sheáin isteach, bhí na fir ag imirt chártaí. *possessor, verbal
noun* 7 Fuair Mícheál post nua in oifig comhlachta mhóir i lár an bhaile.
possessor, compound preposition 8 Ní ólann sí anois, mar tá sí ag iompar
cloinne. *verbal noun* 9 Táthar ag fás glasraí i dtithe gloine sa gceantar
seo. *verbal noun, material* 10 Lá breá samhraidh, is maith linn dul chuig
an linn snámha, ach bíonn an iomarca daoine ann go hiondiúil. *noun of
type, noun of type, quantity word*

2 1 Tá an díon ar bharr an tí. 2 Tá mé ag dul go hAlbain agus beidh mé
ag fanacht ann go ceann bliana. 3 Tá a shiopa díreach i lár na cathrach.
4 Tá gáirdín breá acu os comhair an tí, ach níl mórán taobh thiar de.
5 Nuair a bhí m'iníon ag déanamh staidéar thar sáile, rinne sí taisteal
ar fud na hEorpa. 6 Tá siad ag bailiú airgid ar son na ndaoine bochta.
7 Beidh cuairteoirí ag fanacht linn ar feadh míosa. 8 An bhfuil sibh ag
troid in aghaidh a chéile? 9 Itheann sé ar nós muice. 10 Beidh mé ar ais
faoi cheann uaire.

3 1 Beidh mé ag votáil in a aghaidh. 2 Dúirt sí leis an sagart guí ar a son.
3 Tá Máirtín ag tiomáint in ár ndiaidh. 4 Tá imní orthu ina dtaobh. 5
Cad a d'fheicfinn os mo chomhair ach an t-uachtarán! 6 Bhi go leor
strainséaraí ina measc. 7 Rith Caitlín an rás is fearr, ach ní raibh Nóra i
bhfad ina diaidh. 8 Croch an pictiúr os a cionn. 9 Tá mé an-bhuíoch díot
go ndearna tú an méid sin ar a shon. 10 Is féidir libh dul amach ina dhiaidh.

4 1 Tá an capall ag rith timpeall na páirce. 2 Tá mo mháthair ag iarraidh
dul chun an bhaile mhóir. 3 Tá mo mháthair ag iarraidh dul go dtí an
baile mór. 4 De bharr an troda cuireadh an cruinniú siar. 5 Bí cúramach
nuair a shiúlann tú trasna na sráide. 6 Má tá tú tinn, ba cheart duit dul
chuig an dochtúir. 7 Ná himigí gan mé. 8 De réir na bhfeirmeoirí, ní raibh
an t-earrach sách fliuch. 9 Fanfaidh mise i d'áit. 10 Tá an féar ag fás níos
fearr in aice an tí ná in aice leis an mbóthar. 11 Níor fhan mé i bhfad
mar gheall ar an am. 12 Tá éan ag eitilt os cionn na gcrann. 13 Réitigh
an bord i gcóir an dinnéir. 14 D'airigh mé go maith tar éis na saoire.
15 Téigh suas go dtí é agus labhair leis.

5 1 Tá Tomás ag canadh an amhráin is maith liom. 2 Cén chaoi a rachaidh
tú trasna na haibhne? 3 Tá teach mo dtuismitheoirí ar bharr an chnoic.
4 Tá an iomarca airgid aici; ba cheart di cuid de a thabhairt d'ospidéal
na bpáistí. 5 B'fhearr linn iasc in áit feola. 6 Le taobh iománaíochta, tá
cluiche peile mall. 7 Cuirfidh mé glaoch ort i gceann seachtaine agus
beidh neart ama againn le caint. 8 D'fhan siad ansin i gcaitheamh an lae
uilig, ag plé na ceiste. 9 Tá an clog os cionn an dorais briste. Teastóidh
go leor ama uaim le caoi a chur air. 10 Breathnaigh timpeall an tí; tá
bean an tí ag athphéinteáil na cistine agus na seomraí codlata.

UNIT TWENTY
The subjunctive mood

Subjunctive verb forms are familiar from other European languages but are hardly found in English outside a few fixed expressions ('far be it from me', 'if I were you'). Irish falls somewhere in between. Distinct subjunctive verb forms are listed in most grammars, but their use is limited. The subjunctive is often replaced by conditional or future forms in the spoken language. Still, it is somewhat more widespread than in English and is worth learning, at least to recognize.

Functions of the subjunctive

The subjunctive mood is usually introduced by **go**, or occasionally another subordinating particle like **sula** 'before'. It signals an uncertainty or lack of commitment to the reality of the event expressed by the verb, usually because it hasn't yet occurred. The particle **go** may be translated as 'until' or '(so) that', depending on context.

Fan go bhfeice tú.	Wait till you see.
Fan go dtaga siad.	Wait until they come.
Beidh mé imithe sula dtaga tú ar ais.	I'll be gone before you come back.

Subjunctive clauses often appear alone to express a wish.

Go dtuga Dia sláinte duit.	May God give you health.

These cases tend to be limited to certain set expressions (see below).

Forms of the subjunctive

Subjunctive mood has only two tenses, present and past. The present subjunctive of regular first conjugation verbs is formed by adding the suffix

-a to a verb stem ending in a broad consonant, and *-e* to a verb stem ending in a slender consonant. Second conjugation verbs add *-(a)í*. Only the first person plural ('we') form uses a pronominal ending.

First conjugation
glan
go nglana mé/tú/sé/sí/sibh/siad
go nglanaimid

bris
go mbrise mé/tú/sé/sí/sibh/siad
go mbrisimid

Second conjugation
ceannaigh
go gceannaí mé/tú/sé, etc.
go gceannaímid

imigh
go n-imí mé/tú/sé, etc.
go n-imímid

The impersonal subjunctive is identical to the present tense impersonal introduced in Unit 5.

Go ndéantar do thoil.	Thy will be done.

The present subjunctive of most irregular verbs is formed regularly by suffixing these endings to the present stem: **go dtaga, go n-ithe, go bhfaighe**, etc. The forms of 'go' and 'be' are less predictable:

téigh
go dté mé/tú/sé, etc.
go dtéimid

bí
go raibh mé/tú/sé, etc.
go rabhaimid

Negative subjunctive verbs are introduced by **nár** (but **ná raibh**), which lenites the first consonant of the verb.

Nár fheice mé arís go deo é!	May I never see him again!

The past subjunctive of regular verbs is identical to the past habitual tense (Unit 13). It is used when the main verb is past or conditional.

Dúirt sé linn fanacht go dtagadh sé ar ais.
He told us to wait till he came back.

It may also be used in contrary-to-fact conditions with **dhá** 'if'.

Dhá dtéinn ann, gheobhainn an t-airgead.
If I were to go, I'd get the money.

Uses of the subjunctive

In colloquial usage, the subjunctive is very rare, limited mostly to fixed expressions such as:

Go sabhála Dia sinn!	(May) God save us; God help us.
Go dtaga do ríocht	Thy kingdom come
Go raibh maith agat.	Thank you. (Lit. 'may you have good'.)
Go mbeirimid beo ag an am seo arís!	May we still be alive at this time again (next year).

Blessings and curses are particularly rich sources of subjunctive forms:

Go n-éirí an bóthar leat.	Have a successful trip; *bon voyage.*
Go dtachta an diabhal thú.	The Devil choke you.
Go dté tú slán.	May you go safely.
Go méadaí Dia do stór.	May God increase your wealth.
Nár laga Dia thú.	May God not weaken you.
Ná raibh rath ort.	May you not prosper.

In most other cases, the present subjunctive is nowadays replaced by a future form, and the past subjunctive by a conditional. Compare the following to the examples above.

Fan go bhfeicfidh tú.	Wait till you see.
Fan go dtiocfaidh siad.	Wait till they come.
Dúirt sé fanacht go dtiocfadh sé.	He said to wait till he'd come.

For first conjugation verbs, the pronunciations of the present subjunctive and future tense are often quite similar, as are many past subjunctive and conditional forms, so the difference is barely noticeable except in writing. In the case of the second conjugation and irregular verbs, however, the differences are more striking (e.g., **taga** vs. **tiocfaidh**; **ceannaí** vs. **ceannóidh**).

Indirect imperatives

Imperative forms learned previously are directed at the listener ('you'), but imperative forms exist for other persons as well. They are used to express wishes that form an indirect command, often translated 'Let someone do something.' These are most often found in the third-person forms or the first plural ('let's').

Bíodh sí anseo.   Let her be here.
Fanaimis.   Let us wait.

These imperative forms are like the past habitual, without lenition of the first consonant. First-person forms, identical to the present tense, are found in most grammars but rarely used as commands.

Third-person imperatives are relatively common in Irish because of the many Irish idioms in which the subject of 'be' is a noun referring to a physical or mental state or a possession, while the person involved is mentioned in a prepositional phrase. Negative forms use **ná**, like regular imperatives.

Bíodh lá maith agat.   Have a good day.
Ná bíodh fearg ort.   Don't be angry.

Exercises

1   Underline the subjunctive forms in the following sentences.

    1   I bhFlaitheas Mhic Dé go raibh sé.
    2   D'íosfadh an madra thú dá dtagtá isteach.
    3   Go méadaí Dia do stór.
    4   Bhí súil aige an obair a chríochnú sula dtéadh sé abhaile.
    5   Nár fheice mé Dia go bhfeicimse do sgáile.
    6   Go dtachta an diabhal thú.
    7   Dá dtiteadh amach le teas na hóige . . . ceangal le mnaoi . . .
    8   Ná raibh rath ort, a bhithiúnaigh!
    9   Dá gcaitheadh sé an lá le cách a riar, beidh tuilleadh is do shá-se le fáil ina ndiaidh.
  10   D'éiriomar go dtéimis abhaile.

2   Change the sentences below to more formal subjunctive forms.

    1   Gheall sí dom dá bpósfainn, go mbeadh áthas orm.
    2   Tá súil agam go gcáillfidh sé a shaibhreas.
    3   Ba cheart go mbrisfí as a bpost é.
    4   Tá súil agam go mbeannóidh Dia duit.
    5   Tá súil agam go rachfá slán.
    6   Ná bí i bhfad go dtiocfaidh tú ar ais.
    7   Ghlaoigh siad ar fhear an tí go bhfaighidís deoch eile.
    8   Críochnóidh muid an cluiche sula rachaidh tú abhaile.

3 Change the verb of the *if* clause to subjunctive form.

    1   Dá bposfaí le bean bhocht é, bheadh fearg ar a mhuintir.
    2   Dá rachainn ann, bhainfinn an-taitneamh as an turas.
    3   Dá dtógfadh Peadar teach nua bheadh Máire sásta.
    4   Dá bhfaighinnse milliún air, ní dhéanfainn é.
    5   Dá dtiocfaidís amárach, bheadh áit le fanacht acu.
    6   Dá bhfeicfeá í, ní aithneofá í.
    7   Mura dtabharfaidh tú dó é, goidfidh sé é.
    8   Dá dtabharfaí amadán air, chuirfeadh sé fearg air.

4 Change the subjunctive forms below to more colloquial forms.

    1   Fan go dtaga sé ar ais.
    2   Chuaigh sé isteach go dtéadh sé a chodladh.
    3   Dúirt siad é a fhágáil mar a bhí, mura dtugadh Páidín faoi deara é.
    4   Rith sé amach sula bhfeictí é.
    5   Sheas mé go bhfaghainn amach cé a bhí ag teacht.
    6   Imeoidh mé go bhfaighe mé eolas ar an gceist.
    7   Dhá bhfeicteá í bheadh iontas ort.
    8   Imigh leat sula mbeirtí ort!
    9   Beidh a fhios agat sula n-imí tú.
   10   Go mbaine sibh taitneamh as an lá.

5 Convert the statements of wish to indirect commands. E.g., Ba mhaith liom go suifidh sí ansin. → Suíodh sí ansin.

    1   Ba mhaith liom go déanfaimid an obair le chéile.
    2   Ba mhaith liom go dtiocfaidh beirt agaibh liom.
    3   Ba mhaith liom go mbeidh turas maith agat.
    4   Ba mhaith liom nach n-inseoidh aon duine an rún.
    5   Ba mhaith liom go seasfaidh siad uilig.
    6   Ba mhaith liom go léifidh sí an leabhar seo.
    7   Ba mhaith liom go mbeidh sé ag an mbainis.
    8   Ba mhaith liom nach n-íosfaidh duine ar bith an cáca seo.

6 Translate, using a subjunctive or imperative form where possible.

    1   Wait till you hear what your son did!
    2   May you have health and happiness throughout your life.
    3   Have a wonderful trip.
    4   May God give me patience!
    5   May he have no luck, the coward!
    6   I told him to leave, so that he wouldn't interrupt you.
    7   I'm staying here until I get an answer.
    8   Go inside to see (so that you see) what time it is.

Answers to exercises

1 1 I bhFlaitheas Mhic Dé go raibh sé. 2 D'íosfadh an madra thú dá dtagtá
   isteach. 3 Go méadaí Dia do stór. 4 Bhí súil aige an obair a chríochnú
   sula dtéadh sé abhaile. 5 Nár fheice mé Dia go bhfeicimse do sgáile. 6
   Go dtachta an diabhal thú. 7 Dá dtiteadh amach le teas na hóige ...
   ceangal le mnaoi ... 8 Ná raibh rath ort, a bhithiúnaigh! 9 Dá gcaitheadh
   sé an lá le cách a riar, beidh tuilleadh is do shá-se le fáil ina ndiaidh.
   10 D'éiríomar go dtéimis abhaile.

2 1 Gheall sí dom dá bpósainn, go mbeadh áthas orm. 2 Go gcáille sé a
   shaibhreas. 3 Go mbrisfí as a bpost é. 4 Go mbeannaí Dia duit. 5 Go
   dté tú slán. 6 Ná bí i bhfad go dtaga tú ar ais. 7 Ghlaoigh siad ar fhear
   an tí go bhfagaidís deoch eile. 8 Críochnóidh muid an cluiche sula dté
   tú abhaile.

3 1 Dá bpostaí le bean bhocht é, bheadh fearg ar a mhuintir. 2 Dá dtéinn
   ann, bhainfinn an-taitneamh as an turas. 3 Dá dtógadh Peadar teach nua
   bheadh Máire sásta. 4 Dá bhfaghainnse milliún air, ní dhéanfainn é.
   5 Dá dtagaidís amárach, bheadh áit le fanacht acu. 6 Dá bhfeicteá í, ní
   aithneofá í. 7 Mura dtuga tú dó é, goidfidh sé é. 8 Dá dtugtaí amadán
   air, chuirfeadh sé fearg air.

4 1 Fan go dtiocfaidh sé ar ais. 2 Chuaigh sé isteach go rachadh sé a
   chodladh. 3 Dúirt siad é a fhágáil mar a bhí, mura dtabharfadh Páidín
   faoi deara é. 4 Rith sé amach sula bhfeicfí é. 5 Sheas mé go bhfaighinn
   amach cé a bhí ag teacht. 6 Imeoidh mé go bhfaighidh mé eolas ar an
   gceist. 7 Dhá bhfeicfeá í bheadh iontas ort. 8 Imigh leat sula mbéarfaí
   ort! 9 Beidh a fhios agat sula n-imeoidh tú. 10 Tá súil agam go mbainfidh
   sibh taitneamh as an lá.

5 1 Déanaimis an obair le chéile. 2 Tagadh beirt agaibh liom. 3 Bíodh
   turas maith agat. 4 Ná hinsíodh aon duine an rún. 5 Seasaidís uilig. 6
   Léadh sí an leabhar seo. 7 Bíodh sé ag an mbainis. 8 Ná hítheadh duine
   ar bith an cáca seo.

6 1 Fan go gcloise tú cad a rinne do mhac! 2 Go raibh sláinte agus sonas
   agat ar feadh do shaoil. 3 Bíodh turas iontach agat. (or Go n-éirí an
   bóthar leat). 4 Go dtuga Dia foighid dom. 5 Ná raibh ádh aige, an
   cladhaire! 6 Dúirt mé leis imeacht, nár gcuireadh sé isteach ort. 7 Tá
   mé ag fanacht anseo go bhfaighe mé freagra. 8 Téigh isteach go bhfeice
   tú cén t-am é.

UNIT TWENTY-ONE
Some other structures

This unit presents a few remaining Irish structures not covered elsewhere.

Subjectless verbs

Certain Irish verb constructions have been introduced in which the relations between subject and other elements of the sentence are the reverse of those in English. The English object occupies the Irish subject position (just after the verb) and the English subject is in a prepositional phrase at the end; corresponding words are shown with italic and underlined fonts below.

Ní thaitníonn *bainne* le <u>Cáit</u>.	<u>Cáit</u> doesn't like *milk*.
Teastaíonn *cúnamh* <u>uainn</u>.	<u>We</u> need *help*.
D'éirigh *an scrúdú* <u>liom</u>.	<u>I</u> succeeded in the *exam*.
Theip (chinn/chlis) *an scrúdú* ar <u>Liam</u>.	<u>Liam</u> failed the *exam*.

When the thing one needs, likes, succeeds or fails at, is expressed by a verbal noun or subordinate clause with **go**, that clause goes last, and nothing at all is in the subject slot; the verb is followed directly by the prepositional phrase.

Teastaíonn uainn imeacht go luath.
We need/want to leave early.

D'éirigh le Brian an obair a chríochnú.
Brian succeeded in finishing the work.

Theip orm teagmháil a dhéanamh leis.
I failed to make contact with him.

Sometimes, the pronoun **sé**, referring to the clause or verbal noun may be used in subject position.

Taitníonn sé liom go bhfuil tú anseo.
I am pleased that you are here.

Use of this pronoun is normal with **taitin**, but not with **teastaigh ó, éirigh le** or **teip ar**.

Caithfidh 'must' and **tarla** 'happen' may be used with or without a pronoun when a clause follows.

Tharla (sé) go raibh moill ar an eitilt.
It happened that the flight was delayed.

Caithfidh (sé) go bhfuil an cluiche thart.
The game must be over.

(Note that **caithfidh** is used this way when the meaning of 'must' is a supposition or conclusion that the speaker is making about the truth or likelihood of an event, rather than to indicate obligation.)

Tarla may also have an ordinary noun subject, or it may be followed by a verbal noun:

Tarlaíonn timpistí go minic ansin.
Accidents happen often there.

Tharla mé a bheith in Éirinn ag an am.
I happened to be in Ireland at the time.

Subjectless sentences are sometimes found with other verbs, often referring to natural phenomena or physical conditions:

Neartaigh ar an ghaoth.	The wind strengthened.
Laghdaigh ar mo mhisneach.	My courage declined.

Headless relative clauses

Occasionally a relative clause is found with no noun head at the beginning. The meaning depends on whether the verb is in the direct or indirect form (see Units 1 and 4):

Sin a chonaic mé.	That's what I saw.
Sin a bhfaca mé.	That's all that I saw.
Bhí a raibh ann sásta.	All who were there were pleased.

Subordinating ach and agus

Ach and **agus** can introduce verbless clauses that further qualify the main predicate. When **ach** is used this way, the meaning approximates to 'if only' or 'as long as':

Beidh neart airgid agat, ach post a fháil.
You'll have plenty of money, if only you get a job/once you get a job.

Any subordinate clause with **bí** can instead be introduced by **agus**, omitting **bí**. The translation varies with the context (including 'when', 'while', 'even if', or nothing at all), but the basic meaning always includes simultaneity with the action of the main verb.

Tá Páidín ag an teach ósta agus é ag casadh amhráin.
Paidin is at the pub, singing a song.
(Compare: **Tá sé ag casadh amhráin.**)

Tháinig Bríd isteach, agus gúna nua uirthi.
Bríd came in wearing a new dress.
(Compare: **Bhí gúna nua uirthi.**)

Tharla go leor agus Máire thar sáile.
Much happened while Máire was overseas.
(Compare: **Bhí Máire thar saile.**)

Tiocfaidh sé ar scoil, agus é tinn.
He'll come to school, even if he's sick.
(Compare: **Beidh sé tinn.**)

Negative clauses are introduced by **gan** in these structures.

Tháinig Bríd isteach agus gan airgead aici.
Bríd came in without any money.

However

Abstract nouns referring to qualities or degrees combine with **dá** (which lenites) to mean 'however' or 'no matter how'.

Dá mhéad a itheann sé, fanann sé tanaí.
However much he eats, he stays thin.

Dá laghad a ithimse, cuirim suas meachan.
However little I eat, I gain weight.

Dá aílleacht an áit, bíonn an aimsir go dona.
However beautiful the place, it has bad weather.

Dá dheacracht í an Ghaeilge, is fiú í a fhoghlaim.
No matter how hard Irish is, it's worth learning it.

Dá fheabhas é, ní maith liom é.
Excellent as it is, I don't like it.

Abstract nouns can be formed from adjectives in a variety of ways. Some take endings of which those above are among the commonest, while others resemble the comparative form of the adjective:

dá óige na páistí	however young the children
dá airde an cnoc	however high the hill
dá aistí an scéal	however strange the story

A similar construction uses the same abstract nouns introduced by **a** with lenition and followed by **is** and a relative clause:

Feicfidh tú a áilleacht is atá sé.   You'll see how beautiful it is.

Exceptional orders

Object nouns may be placed at the beginning of a sentence for special emphasis. This is rather rare, and the effect is somewhat poetic and formal:

Focal nár dhúirt sé.   Not a word did he say.

Exercises

1 Paraphrase the following sentences using an expression with **ach** or **agus** that has similar meaning. E.g.,

Chuaigh sé ar scoil nuair a bhí sé tinn →Chuaigh sé ar scoil agus é tinn.
Bheadh airgead agat dá bhfaigheá post → Bheadh airgead agat ach post a fháil.

  1 Bhuail mé le Mairéad nuair a bhí sí ag siopadóireacht.
  2 D'aithneoinn é fiú dá mbeinn dall.

   3 Cheannóinn deoch duit dá mbeadh an t-airgead agam.
   4 Chonaic mé Tadhg. Bhí mála mór aige
   5 Ar chuir sé isteach ort go raibh Máire ag caint chúns a bhí tú ag
      obair?
   6 Díolfaidh sé an teach, má fhaigheann sé praghas maith air.
   7 Bhí siad ag breathnú ar an gcluiche, agus bhí siad sásta leis an
      toradh.
   8 Beidh siad ceart go leor má bhíonn muinín againn astu.
   9 Tháinig sé abhaile agus ní raibh bronntanais aige dá bhean.
 10 Ní bheadh brón uirthi dá dtiocfadh Breandán anseo.
 11 Ní thiocfaidh sí ar ais fad 'is atá an cigire anseo.
 12 D'imigh sé agus ní raibh deis agam labhairt leis.

2 Fill in the blanks with a 'however' construction based on the adjective
  in the first sentence. E.g., Tá Gaeilge deacair → Dá deacracht í, is fiú í
  a fhoghlaim.

   1 Tá an aimsir go dona. _____ an aimsir, tá an áit go hálainn.
   2 Tá Úna go hálainn. _____ í, níl ciall ar bith aici.
   3 Bhí an bia go hiontach. _____ an bia, bhí sé ródhaor.
   4 Tá an gúna an-chostasach. _____ é, ceannóidh mé é.
   5 Tá an scian seo géar. _____ an scian, ní ghearrfaidh sé
      iarann.
   6 Tá an leabhar go maith. _____ an leabhar, níl suim agam ann.
   7 Bhí an leaba compórdach. _____ an leaba, níor chodail mé go
      maith.
   8 Tá sé grianmhar. _____ é, tá sé réasúnta fuar.
   9 Tá sé te. _____ é, níl mé sásta.
 10 Tá sé leisciúil. _____ críochnaíonn sé a chuid oibre.

3 Try to paraphrase each sentence, using structures introduced in this unit.

   1 D'éirigh an obair linn.
   2 Caithfidh sé go bhfuil siad imithe faoi seo.
   3 Ní chreidim chomh deacair 'is a bhí an scrúdú!
   4 Neartaigh mo mhisneach.
   5 An é sin an t-aon rud a fuair tú?
   6 Tráthnóna amháin, nuair a bhí mé ag siúlóid, tháinig mé ar
      bhean sídhe.
   7 Tharla sé go raibh Liam ag an gcruinniú.
   8 Níor ith sí greim den bhéile.
   9 Tá sé teipthe orm cuimhniú ar a ainm.
 10 Cuirigí síos ar 'chuile shórt a chonaic sibh nuair a bhí sibh
      sa tSín.

4 Translate.

1   You must have talked to my husband.
2   Not a drop did I drink since the day before yesterday.
3   That's what he did, and that's all that he did.
4   However strange his story, I believe it.
5   She'll be comfortable, as long as she has a cup of tea in the morning.
6   Here you are; take all that's left.
7   If it weren't for the help you gave my son, he'd have failed.
8   No matter how much you do, he won't be satisfied.

Answers to exercises

1   1 Bhuail mé le Mairéad agus í ag siopadóireacht. 2 D'aithneoinn é agus
mé dall. 3 Cheannóinn deoch duit ach an t-airgead a bheith agam.
4 Chonaic mé Tadhg agus mála mór aige. 5 Ar chuir sé isteach ort go
raibh Máire ag caint agus tú ag obair? 6 Díolfaidh sé an teach, ach
praghas maith a fháil air. 7 Bhí siad ag breathnú ar an gcluiche, agus iad
sásta leis an toradh. 8 Beidh siad ceart go leor ach muinín a bheith againn
astu. 9 Tháinig sé abhaile agus gan bronntanais aige dá bhean. 10 Ní
bheadh brón uirthi ach Breandán a theacht anseo. 11 Ní thiocfaidh sí ar
ais agus an cigire anseo. 12 D'imigh sé agus gan deis agam labhairt leis.

2   1 Dá dhonacht an aimsir, tá an áit go hálainn. 2 Dá áilleacht í, níl ciall
ar bith aici. 3 Dá iontaí (or fheabhas) an bia, bhí sé ródhaor. 4 Dá
chostasaí é, ceannóidh mé é. 5 Dá gheire an scian, ní ghearrfaidh sé iarann.
6 Dá fheabhas an leabhar, níl suim agam ann. 7 Dá chompórdaí an leaba,
níor chodail mé go maith. 8 Dá ghrianmhaire é, tá sé réasúnta fuar. 9 Dá
teas é, níl mé sásta. 10 Dá leisciúla é, críochnaíonn sé a chuid oibre.

3   1 D'éirigh linn san obair (or ag obair). 2 Caithfidh go bhfuil siad imithe
faoi seo. 3 Ní chreidim a dheacracht is a bhí an scrúdú! 4 Neartaigh ar
mo mhisneach. 5 An é sin a bhfuair tú? 6 Tráthnóna amháin, agus mé
ag siúlóid, tháinig mé ar bhean sídhe. 7 Tharla go raibh Liam ag an
gcruinniú. or Tharla Liam a bheith ag an gcruinniú. 8 Greim nár ith sí
den bhéile. 9 Theip orm cuimhniú ar a ainm. 10 Cuirigí síos ar a bhfaca
sibh, agus sibh sa tSín.

4   1 Caithfidh (sé) gur labhair tú le m'fhear chéile. 2 Braon nár ól mé ó
arú-inné. 3 Sin a rinne sé agus sin a ndearna sé. 4 Dá aistí a scéal,
creidim é. 5 Béidh sí compórdach, ach cupán tae a bheith aici ar maidin.
6 Seo duit; tóg a bhfuil fágtha. 7 Murach an cúnamh a thug tú do mo
mhac, theipfeadh air. 8 Dá mhéad a dhéanann tú, ní bheidh sé sásta.

UNIT TWENTY-TWO
Dialect variation I: vocabulary

Dialect differences in Irish were mentioned in the Introduction to *Basic Irish* and have been referred to occasionally throughout the lessons. This and the remaining units examine in more detail some of the principal features distinguishing major Irish dialects. Learners wishing to focus on learning a particular regional variant can use these chapters to refine their vocabulary and grammar choices in the direction of the dialect they choose.

This unit provides an overview of the dialects and some differences in common vocabulary and pronunciation.

The dialects

Three major dialect areas are generally distinguished by the province in which they are found: Ulster, Connacht, and Munster. Although dialects may vary across different regions within a province, they tend to be more like each other than those of more distant provinces. Traditionally, Ulster Irish survives only in Donegal (although a Belfast variety has also emerged in recent years). Connacht Irish is mainly spoken in County Galway, but Mayo also has Gaeltacht areas. Connacht Irish is also spoken in the village of Rath Cairn, County Meath, whose population originally came from the Connemara region of County Galway. Munster is the most diverse province, with gaeltachtaí in Counties Kerry, Cork, and Waterford.

Dialect differences do not always align in the same way. Some dialect features are recognizably distinct in each of the three provinces, while in other features two provinces may be similar, while a third differs. This unit will begin by identifying some vocabulary that differs in all three areas (but is more or less homogeneous within each). Later sections will present vocabulary particular to single areas.

Provincial boundaries

In *Basic Irish*, Unit 2, some greetings were presented in several alternative forms. These align largely with the three provincial divisions outlined above and are repeated here for convenience. Note the three distinct forms of 'how' as well as the different verb structures.

Ulster	**Goidé (Cad é) mar atá tú?**	
Connacht	**Cén chaoi a bhfuil tú?**	How are you?
Munster	**Conas atá tú?** *or* **Conas taoi?**	
	or **Conas tánn tú?**	

Ulster	**Cá hainm thú?** (contracts to	
	C'ainm thú?)	What's your name?
Connacht	**Cén t-ainm atá ort?**	
Munster	**Cad is ainm duit?**	

Ulster	**Cá has tú?**	
Connacht	**Cé as thú?**	Where are you from?
Munster	**Cad as duit?**	

The name for the language itself differs across the three provinces, along with a number of other vocabulary items, including those listed below.

Ulster	*Connacht*	*Munster*	
Gaeidhlic	**Gaeilge**	**Gaolainn**	Irish
bomaite	**nóiméad**	**múméad**	minute
inteacht	**eicín(t)**	**éigin**	something
dada	**tada**	**faic/aon rud**	nothing
rioball	**drioball**	**eireaball**	tail
fosta	**freisin**	**chomh maith/leis**	also
amharc	**breathnú**	**féachaint**	looking at
mall	**deireanach**	**déanach**	late
cál	**gabáiste**	**cabáiste**	cabbage
achan	**'chuile**	**gach (aon)**	every

The above list is by no means exhaustive, but merely shows a few forms widely recognized as identifying speakers of a particular region. (Recall also the question words **goidé/céard/cad**, all meaning 'what', introduced in Unit 2.) It should also be noted that more than one word may be used in a given region; these are merely the most common forms from each area (**gabáiste** is used in Waterford as well as in Connacht, for instance, and **gach** is also heard occasionally in Connacht alongside **'chuile**). Moreover, many speakers will recognize the synonyms from other areas, even if they don't use the words themselves.

North and south

The river Shannon marks the dividing point for some dialect features, giving a north–south division in which Ulster and Connacht counties show similar features, with Munster differing. (The Shannon separates County Clare from the rest of Munster, and in some respects Clare dialects can be seen as transitional, sometimes sharing features with Munster, sometimes with Connacht. Since Clare dialects are now extinct, they will be excluded from the Munster dialects considered here.) The following vocabulary items illustrate this division, beginning with some mentioned in earlier units.

North of Shannon	South of Shannon	
muid	sinn	we, us
cén uair	cathain	when
madadh	madra	dog
foighid	foighne	patience
ar chor ar bith	in aon chor	at all (with 'not')
ballaí	fallaí	walls
fanacht	fanúint	waiting
amharc	radharc	sight
go fóill	fós	yet, still
éadan	aghaidh	face
baithis	éadan	forehead

Note in the last examples that **éadan** is found in all areas, but with different meanings north and south of the Shannon. Again, the list is only partial and approximate, and word usage may slip across the boundaries. For example, some speakers in Donegal (Ulster) use **sinn** rather than or in addition to **muid**, and some also use **éadan** for 'forehead'. **Fós** is found alongside **go fóill** in Galway. Similarly, in addition to the **madadh/madra** division shown above, an alternate word **gadhar** can be found both in Galway and in Cork/Waterford.

The Shannon also marks a boundary for certain pronunciation features that distinguish Munster Irish from the northern dialects. The shift of stress from first to second syllables containing long vowels (described in Unit 1 of *Basic Irish*) is an example. Others include the following:

- pronunciation of a broad *s* in the south in words like **anseo, ansin, ansiúd** and in the demonstratives **seo, sin, siúd**. (Sometimes reflected in spellings like **so, san**.)
- pronunciation of the sequence *ao(i)* as if spelled *é* south of the Shannon and as *í* in the north (some parts of Ulster have a third pronunciation more like that of Scottish Gaelic, a sound which has no English equivalent).

- distinction between /w/ and /v/ as pronunciations of broad and slender *mh*, *bh*, respectively, in the north. All are pronounced as /v/ in much of the south.
- loss of a pronunciation difference between single and double consonants (*n* vs. *nn*; *l* vs. *ll*, etc.) in the south (also in Galway for broad consonants).
- pronunciation of *a* before double *nn*, *ll*, as /au/ (as in English 'how') in Munster.

Still other pronunciation differences distinguish each of the three provinces, and individual communities within each county as well. These cannot be adequately described without listening to recorded or live samples of the individual dialects and will therefore not be covered in detail here. Learners are encouraged to listen to speakers of the dialect they are interested in, to pick up the pronunciation patterns.

Donegal

In a number of other cases, Connacht (or Galway at least) aligns with the Munster counties, and only Donegal (sometimes with Mayo), has a different form.

Donegal	*Mayo and points south*	
tábla	**bord**	table
girseach	**gearrchaille**	young girl
barraíocht	**iomarca**	too much
cuidiú	**cúnamh** (also **cabhair** in Munster)	help
caiftín	**captaen**	captain

Donegal and Mayo	*Galway and points south*	
pill	**fill**	fold, return
druid	**dún**	close
foscail	**oscail**	open
cluin	**clois**	hear
úr	**nua**	new
sáith	**dóthain**	enough

In terms of pronunciation, the northern dialects have a tendency to shorten unstressed long vowels; on the other hand, there seems to be less reduction of unstressed short vowels to 'uh'. Some examples of this characteristic will be seen in later units. The sequence *cht* is pronounced *rt*. Slender *t* and *d* are strongly palatal, in some areas approximating the English sounds spelled as *ch* and *j*.

Galway

Some forms unique to the Galway Gaeltacht differentiate it from those to both the north and south (including sometimes the other Connacht county of Mayo).

Galway	*Others*	
fataí	**prátaí**	potatoes
ceathracha/dhá scór	**daichead**	forty
beatha	**bia**	food
sionnach	**madra rua**	fox
taithnigh	**taitin**	be pleasing

Unique Galway forms are rarer than those that divide the regions at only one point between north and south. A few points of pronunciation worth mentioning also distinguish Galway Irish. **Cluiche** 'game' is pronounced in Galway as if the *ch* in the middle were an *f*: **cluife**. **Arán** 'bread' and **taispeáin** 'show' lose their first syllables and are pronounced as **'rán, spáin**. Cois Fharraige, the coastal area just west of Galway city, is known for not pronouncing *th* in the middle of words, so that **bóthar** often sounds as if it were spelled **bór**. Again, these are just a few examples of many.

Other distributions

In still other cases, the variation across dialects is more complicated still. Only a few examples will be given to complete this section. Words for 'all right' or 'so-so' from the *Linguistic Atlas and Survey of Irish Dialects* show how usage may cross the major dialect borders with overlap among regions:

measartha	Donegal, Mayo
réasúnta	Mayo, Galway
maith go leor	Galway, Cork, Waterford
cuíosach	Kerry, Cork, Waterford

Although not listed in the Atlas, **cuíosach** is also heard in Galway on occasion.

For a second example, there is a mixed distribution of words for 'feel' across the regions. There is a fairly clear division between **mothaigh** in Donegal and **airigh** in the Connacht counties, but Munster dialects use both, as well as **braith**.

mothaigh	Donegal, Cork, Kerry
airigh	Galway, Mayo, Cork, Waterford
braith	Kerry, Cork

Finally, for the very useful word 'rain', **báisteach** is favoured in Galway and Waterford, but **fearthainn** in other Munster counties and Donegal. Both words are found in Mayo.

Exercises

1 Identify the region each of the following terms belongs to. (Use U for Ulster, C for Connacht or M for Munster.)

   1 bomaite
   2 fataí
   3 in aon chor
   4 cathain
   5 pill
   6 cuíosach
   7 ceathracha
   8 conas
   9 inteacht
 10 drioball
 11 sáith
 12 gabáiste
 13 déanach
 14 réasúnta
 15 tábla

2 Identify the region for which these greetings are typical.

   1 Conas taoi?
   2 Cá hainm duit?
   3 Cén t-ainm atá ort?
   4 Cé as thú?
   5 Cad é mar atá tú?
   6 Cad is ainm duit?
   7 Cén chaoi a bhfuil tú?
   8 Cá has tú?
   9 Conas tánn tú?
 10 Cad as duit?

3 Translate the following using Munster forms wherever possible.

   1 I don't like cabbage at all.
   2 The boys are looking at some young girl or other.
   3 The fox has a long tail.

4 Gearóid ate too much: forty potatoes, and bread, too.
5 He is late. When will he return?
6 Wait a minute. Have patience.
7 Do you have enough food?
8 Who closed that door? Would you open it?
9 How do you feel? Your forehead is hot.
10 Do you hear the dog?

4 Rewrite the above sentences as they would be said in Connacht.

5 Rewrite the sentences again using Ulster forms.

Answers to exercises

1 1 U   2 C   3 M   4 M   5 U   6 M   7 C   8 M   9 U   10 C   11 U
   12 C   13 M   14 C   15 U

2 1 M   2 U   3 C   4 C   5 U   6 M   7 C   8 U   9 M   10 M

3 1 Ní maith liom cabáiste in aon chor. 2 Tá na buachaillí ag féachaint ar
   ghearrchaille éigin. 3 Tá eireaball fada ar an madra rua. 4 D'ith Gearóid
   an iomarca: daichead práta, agus arán, leis (or chomh maith). 5 Tá sé
   déanach. Cathain a fhillfidh sé? 6 Fan múiméad. Bíodh foighne ort. 7 An
   bhfuil do dhóthain bia agat? 8 Cé a dhún an doras san? An osclófá é?
   9 Conas a bhraitheann (or mhothaíonn, or airíonn) tú? Tá d'éadan te.
   10 An gcloiseann tú an madra?

4 1 Ní maith liom gabáiste ar chor ar bith. 2 Tá na buachaillí ag breathnú
   ar ghearrchaille eicínt. 3 Tá drioball fada ar an sionnach. 4 D'ith Gearóid
   an iomarca: ceathracha fata, agus 'rán freisin. 5 Tá sé deireanach. Cén
   uair a fhillfidh sé? 6 Fan nóiméad. Bíodh foighid ort. 7 An bhfuil do
   dhóthan beatha agat? 8 Cé a dhún an doras sin? An osclófá é? 9 Cén
   chaoi an-airíonn tú? Tá do bhaithis te. 10 An gcloiseann tú an madadh
   (or gadhar)?

5 1 Ní maith liom cál ar chor ar bith. 2 Tá na buachaillí ag amharc ar
   ghirseach inteacht. 3 Tá rioball fada ar an madra rua. 4 D'ith Gearóid
   barraíocht: daichead práta agus arán, fosta. 5 Tá sé mall. Cén uair a
   phillfidh sé? 6 Fan bomaite. Bíodh foighid ort. 7 An bhfuil do sháith bia
   agat? 8 Cé a dhruid an doras sin? An bhfosclófá é? 9 Cad é mar a
   mhothaíonn tú? Tá do bhaithis te. 10 An gcluineann tú an madadh?

UNIT TWENTY-THREE
Dialect variation II: nouns and adjectives

The system of suffixes affecting Irish words under different grammatical circumstances is not only one of the primary challenges for learners, it is also a major source of dialect variation. This unit will survey some of the variations found in the forms of nouns and adjectives.

Nouns

The most widespread and varied changes of form in nouns are the processes for forming plurals and genitive case marking. Of these, the greatest regional variation is found in plural forms, with which we will begin. The same distribution of variations described for vocabulary in Unit 22 can be seen in the plural variants. A distinction by provinces is found in several cases. Caighdeán forms are italicized.

Singular		Plural		
		Munster	*Connacht*	*Ulster*
scilling	shilling	*scillingí*	**scilleachaí**	**scillineacha**
gé	goose	*géanna*	**géabha**	**géacha**
garraí	field	*garraithe*	**garrantaí**	**garran(t)acha**
gréasaí	shoemaker	*gréasaithe*	**gréasaíochaí**	**gréasannaí**
luch/luchóg	mouse	*lucha*/**luchaig**	**luchain**	**luchógaí**

More frequent still is a division at the Shannon, with similar plurals throughout the northern counties and distinct forms in Munster counties.

Singular		Plural	
		Munster	*Connacht/Ulster*
ubh	egg	**uibh**	*uibheacha*(í)
áit	place	*áiteanna*	**áiteacha**(í)
éan	bird	*éin*, **éanlacha**	**éanacha**(í)

capall	horse	*capaill*	**caiple**
piont/pionta	pint	**pint** (/pi:n't'/)	*piontaí*
fuinneog	window	**fuinneogacha,**	**fuinneogaí**
		fuinneoga	

A general observation that these examples illustrate is that Munster dialects seem to form plurals with a slender final consonant more than the other regions, which often (not always) favor suffixes instead. Other differences cannot be easily distinguished in spellings but are clear in pronunciation. **Lámha** 'hands' is pronounced as a single syllable in Munster (with *mha* silent but a nasal vowel), and as two, with the *mh* pronounced (sometimes as /v/ and sometimes as /w/) in the north. Similarly Connemara speakers pronounce the *bh* of **gaibhne** 'smiths' as /v/, but in Munster it is silent; the Donegal plural is **gabhannaí**.

In Donegal, a number of idiosyncratic plurals are found, among them the following:

Singular		*Plural*	
		Donegal	*Munster/Connacht*
bád	boat	**bádaí**	*báid*
asal	donkey	**asalacha/aisle**	*asail*
caora	sheep	**caoirí**	*caoirigh*
uan	lamb	**uainte**	*uain*
madadh/madra	dog	**madaí**	*madraí*
oíche	night	**oícheanna**	*oícheanta,* **oícheantaí**

Sometimes, Galway plurals are different from all others.

Singular		*Plural*	
		Galway	*Munster/Ulster*
cathaoir	chair	**cathaoireachaí**	*cathaoirí,* **cathaoireacha**
crann	tree	**crainnte**	*crainn*
úll	apple	**úllaí**	*úlla*
cearc	hen	**cearcaí**	*cearca*
cos	foot	**cosaí**	*cosa*
bróg	shoe	**brógaí**	*bróga*

The last few examples illustrate the most noticeable feature of Connacht noun plurals: the tendency for many plurals to end in *-í* which would end in *a* elsewhere, including those already marked as plural by other suffixes. In fact, although forms like **bróga, cosa** are also heard in Galway, alongside the forms above, it is virtually universal in Connacht (including Mayo) for suffixes like *-anna, -acha* to be pronounced as *-annaí, -achaí*.

As with vocabulary, the variations illustrated above are only examples, and further variants can be found in most regions, with some overlap among them as well. For just a few examples, in addition to the general Munster form **pint**, **piontanna** is found in Cork and **piontaí** in Waterford. **Uibhe** is an alternative plural for **ubh** in parts of Donegal. There is also some variation in the quality (broad or slender) of the *r* in the plural of **cathaoir**, throughout all regions. As an illustration of the complexity of variation in some plurals, the following are the forms for the plural of **tine** 'fire' and **teanga** 'tongue' attested in various studies of Irish dialects:

tine	'fire'
tinteacha	Cork, Waterford, Kerry, Donegal
tinteachaí	Galway, Mayo
tintreacha(í)	Galway, Kerry, Donegal
teinte	Kerry, Waterford
tínte	Mayo, Donegal
teanga	'tongue'
teangacha	Cork, Waterford, Kerry, Donegal
teangachaí	Galway, Mayo
teangaíochaí	Galway, Mayo
teangaí	Cork, Galway, Mayo
teanganna	Waterford

Fortunately, most nouns are more straightforward in their plurals, but learners should note the particular forms in use in the dialects they are learning.

Genitive case

Variation in the forms of the genitive case is rarer than variation in plural forms. Most of the standard genitive forms (see *Basic Irish*, Unit 6) are known and used throughout Ireland, although a few variant forms can be found. Sometimes even the variation is common to several dialects. In the following examples, each variant is found in most if not all dialects:

teanga	'tongue'
teangan	Galway, Waterford, Kerry, Cork
teanga	Galway, Waterford, Kerry, Cork, Donegal, Mayo
talamh	'ground'
talaimh	Cork, Kerry, Galway, Mayo, Donegal
talún	Waterford, Cork, Kerry, Galway
talúna	Donegal, Mayo
talaí	Donegal Mayo

(Both **talaimh** and **talún** are accepted as standard.)

The three-way provincial division is found in the genitive forms of **deirfiúr** 'sister'. (Regional spellings are meant to represent local pronunciations.)

Standard	*Munster*	*Connacht*	*Ulster*
deirféar	**driféar**	**dreifíre**	**deireafrach/deirifíre**

The north–south division is seen in the genitive form for **mí** 'month'.

Standard	*Munster (south)*	*Connacht/Ulster (north)*
míosa	**mí**	**miosa**

Finally, genitive forms, unlike the standard and other dialects, are found in Mayo and Donegal in a few cases, although the standard forms are also attested there:

Standard/Munster/Galway		*Donegal/Mayo*	
athair	**athar**	**athara**	father
máthair	**máthar**	**máthara**	mother
dinnéar	**dinnéir**	**dinnéara**	dinner

On the whole, genitive forms do not vary nearly as much as plurals do.

One other area of variation, however, is in the degree to which genitive forms are omitted and replaced by common forms. This happens to some extent in all dialects but is perhaps a bit more frequent in the Irish of Connemara. Learners should be prepared to recognize possessive use of regular common-case forms, but are advised to learn and practice the genitive forms, as these are still considered correct usage.

Adjectives

Most adjective variation is in the comparative forms (Unit 10). Regular comparative formation is consistent across dialects (allowing for pronunciation differences not covered here). The irregular comparatives, however, vary somewhat by region. A three-way provincial division is found in the comparative forms of **gránna** 'ugly'.

Munster	*Connacht*	*Ulster*
gráinge	**gráinne**	**gráice**

In Mayo, a form intermediate between the Connacht and Ulster forms is found: **graince**.

The division at the Shannon marks the variation in three other adjectives:

	South (Munster)	North (Connacht/Ulster)	
fada	**sia**	*faide*	far
breá	*breátha*	**breách(t)a**	fine
láidir	**tréise**	*láidre*	strong

Another regular comparative form divides along this line. **Airde** 'higher' (**ard** 'high') is pronounced with the first vowel as a diphthong (/ai/ as in English 'I') to the north of the Shannon, and as a simple vowel /i/ (pronounced like *í*) to the south.

A somewhat more mixed variation is found with the comparative of **te** 'hot'.

Kerry, Cork, Waterford and Donegal	***teo***
(also in Donegal)	**teithe**
Galway and Mayo	**teocha**
(also in Mayo)	**teochta**

All gaeltachtaí use the standard irregular comparative forms for **minic** and **furasta**, **minice**, and **fusa**, but in addition, **minicí** is found in Galway and Mayo, and **minicithe** in Donegal. For **furasta**, **fursa** is also found in Donegal, and synonyms are common as alternative comparatives in other areas:

Galway	**éasca**	⎫	
Mayo	**réidthe**	⎬	easy
Cork	**éasdaighe**	⎭	

A few more idiosyncratic differences may be mentioned. In Cork, **b'fhearra** is a common alternative to **b'fhearr**, and in Galway **dorcha** has a regular comparative form, **níos dorcha**, while elsewhere it is often pronounced with an ending: **níos doraithe**.

Another variation is with respect to mutations. Some comparative forms may be lenited after **is** in Kerry and sometimes Cork: **is shia**, **is theo**, **is thréise**, **is fhusa**, etc.

There is also some variation across all regions in the use of lenition of adjectives after a plural noun ending in a consonant. Thus, both **beithigh fhiáine** and **beithigh fiáine** are heard.

Exercises

1 Identify the province in which each of the following non-standard plurals is primarily used.

   1 scilleachaí
   2 cathaoirí

   3 teinte
   4 brógaí
   5 luchain
   6 géacha
   7 fuinneogacha
   8 oícheanna
   9 uibh
 10 asalacha
 11 crainnte
 12 luchaig
 13 gréasaíochaí
 14 pint
 15 uainte
 16 caiple
 17 bádaí
 18 géabha
 19 garrantacha
 20 éanlacha

2 Identify the province where each non-standard genitive form is found.

   1 teangan
   2 mí
   3 talúna
   4 driféar
   5 dínnéara
   6 deireafrach
   7 athara
   8 dreifíre
   9 talaí
 10 máthara

3 Identify the province where each of the following nonstandard comparative forms of the adjective is found.

   1 sia (fada)
   2 gráice (gránna)
   3 teocha (te)
   4 fursa (furasta)
   5 tréise (láidir)
   6 breácha (breá)
   7 teithe (te)
   8 gráinne (gránna)
   9 gráinge (gránna)
 10 doraithe (dorcha)

4 For each of the following standard forms, write it the way it would be said in the areas listed.

Plural nouns
   1 éin
      C
      M
   2 gréasaithe
      C
      U
   3 tínte
      C
      M
   4 asail
      U
   5 cathaoireacha
      C
      M

Genitives
   6 teanga
      M
      C
   7 máthar
      U
   8 deirféar
      M
      C
      U
   9 talaimh
      U
   10 míosa
      M

Adjective comparison
   11 níos gránna
      U
      C
      M
   12 b'fhearr
      M (Cork)
   13 níos faide
      M
   14 níos teo
      C
      U

15 níos fusa
    C
    M
    U

Answers to exercises

1 1 C   2 M, U   3 M (K&W)   4 C   5 C   6 U   7 M   8 U   9 M   10 U
   11 C   12 M   13 C   14 M   15 U   16 C, U   17 U   18 C   19 U   20 M

2 1 C, M   2 M   3 U (and Mayo)   4 M   5 U (and Mayo)   6 U   7 U (and
   Mayo)   8 C   9 U (and Mayo)   10 U (and Mayo)

3 1 M   2 U   3 C   4 U   5 M   6 C, U   7 U   8 C   9 M   10 M, U

4 1 C: éanachaí M: éanlacha 2 C: gréasaíochaí U: gréasannaí 3 C:
   tintreachaí, tinteachaí M: tintreacha, tinteacha, teinte 4 U: asalacha, aisle
   5 C: cathaoireachaí M: cathaoirí 6 M: teangan C: teangan 7 U: máthara
   8 M: driféar C: dreifíre U: deireafrach, deirifíre 9 U: talaí 10 M: mí 11
   U: níos gráice C: níos gráinne M: níos gráinge 12 M (Cork): b'fhearra
   13 M: níos sia 14 C: níos teocha, níos teochta (Mayo) U: níos teithe
   15 C: níos éasca (Galway), níos reidthe (Mayo) M: níos éasdaighe (Cork)
   U: níos fursa

UNIT TWENTY-FOUR
Dialect variation III: verbs

Variation in verb forms includes pronunciation differences in endings found throughout the Gaeltacht areas, and regional differences in the stem forms of irregular verbs in certain tenses. The most noteworthy difference, however, is the retention in Munster dialects of a much richer system of personal endings than is found in the Standard or in dialects north of the Shannon. This unit will begin by introducing these forms, and follow with some individual differences in stem and other verbal forms.

Munster personal endings

Throughout Munster, personal endings are widely found in place of subject pronouns in the present, past, and future tenses. These are shown below.

Present	Future	Past
Class 1		
díolaim	díolfad	dhíolas
díolann tú	díolfair	dhíolais
díolann sé/sí	díolfaidh sé/sí	dhíol sé/sí
díolaimid	díolfaimid/díolfam	dhíolamair
díolann sibh	díolfaidh sibh	dhíolabhair
díolaid	díolfaid	dhíoladar
Class 2		
ceannaím	ceannód	cheannaíos
ceannaíonn tú	ceannóir	cheannaís
ceannaíonn sé/sí	ceannóidh sé/sí	cheannaigh sé/sí
ceannaímid	ceannóimid/ceannóm	cheannaíomair
ceannaíonn sibh	ceannóidh sibh	cheannaíobhair
ceannaíd	ceannóid	cheannaíodar

Separate pronoun subjects can be substituted for these endings, except in the first person, but the endings are the norm for many speakers. Conditional and past habitual forms are as in the Official Standard, allowing for pronunciation variation.

In Connacht, some of these personal endings are used in responses, but are rare in independent statements:

An bhfaca tú Síle?	Did you see Síle?
Ní fhacas.	No.
Scríobh chugam.	Write to me.
Scríobhfad.	I will.

The only endings routinely used in independent statements in Connacht are the standard forms for the present tense 'I', and conditional 'I' and 'you'. The past and conditional 'they' endings are sometimes used as alternatives to **siad**. In Ulster, personal endings are even rarer, being limited primarily to first-person forms, and a separate pronoun is always possible. It may be noted here that the suffix -*mis* of the standard conditional 'we' form is often pronounced as -*mist* in the dialects of Munster and Ulster where it is used.

Other distinctive features of Munster Irish verbs include the following:

- **do** as a past tense marker, even before consonants: **do cheannaíos**, **do dhíol sé**, etc. (especially in Cork, and parts of Kerry);
- pronunciation of -*igh/idh* as if spelled *ig* (except before pronouns):

Ceannaig é!	Buy it!
An ndíolfa sé é?	Will he buy it?
Díolfaig.	Yes.

- pronunciation of the *f* in second-person conditional forms:

Cheannófá é.	You would buy it.
chuirfeá	you'd put

  (pronounced *h* in other dialects, and in other future/conditional forms);
- pronunciation of the future/conditional *f* following a vowel.

léifidh sé	he will read

Pronunciation patterns

Even where all dialects use the same tense and person suffixes, pronunciation can vary dramatically from region to region. The future-tense ending -*f(a)idh/óidh* is pronounced differently in all three provinces, as the examples below illustrate (spellings reflect pronunciations and are not normally used in written Irish). In addition, the Ulster form of the future is different for Class 2 verbs, in that the ending has an extra syllable:

Munster	*Connacht*	*Ulster*	
díolhig	**díolha**	**díolhi**	will sell
ceannóig	**ceannó**	**ceannóchai**	will buy

These forms are used when the verb ends a phrase or is followed by a noun. Before a pronoun, all are pronounced as in Connacht (except the two-syllable Ulster form remains as **ceannócha**).

The consonant of the suffix -*adh/ódh*, found as part of conditional suffixes as well as in the past impersonal and some verbal nouns, varies in pronunciation, depending on both region and meaning. The table below shows spellings for Class 1 verbs that reflect the pronunciation more directly. For Class 2, only the vowel is different (*ó*).

	Munster	*Connacht*	*Ulster*
past impersonal	-*ach*	-*ú*	-*ú/as/ús*
conditional	-*ach*	-*ach*	-*ú*
verbal noun	-*a*	-*a*	-*ú*

Additionally, in Connacht and Ulster, the pronunciation of the future/conditional form changes to -*ait* before the pronouns **sé, sí, siad, sibh**.

The present-tense singular form may have a broad *m* in some parts of Ulster: **tuigeam** 'I understand'. The plural may be pronounced as in the Standard -*mid* or with a broad consonant and short vowel: -*maid*, very close to the independent pronoun **muid**, which is also possible (as is **sinn** in some areas). In some parts of Ulster, too, the long vowel of Class 2 verbs is shortened, e.g., from **ceannaíonn** to **ceannionn** or **ceannann**.

Ulster negatives

Ulster dialects are distinguished from the others by the use in some areas of the negative particle **cha** alongside **ní**. **Cha** becomes **chan** before a vowel or *fh* and causes eclipsis of consonants:

Ní íosfainn	**Chan íosfainn**	I would not eat
Nil mé	**Chan fhuil mé**	I am not
Ní bhím	**Cha mbím**	I am not (regularly)
Ní théim	**Cha dtéim**	I don't go

Verbal nouns and adjectives

The formation of verbal nouns is almost as variable as that of noun plurals. The following are a few common verbal noun forms in each dialect that vary across dialects. Caighdeán forms are italicized.

Munster	Connacht	Ulster	
leanúint	**leanacht**	**leanaint**	follow
fanúint	*fanacht*	*fanacht*	stay, wait
feiscint	*feiceáil*	**feiceáilt**	see
insint	**inseacht**	**innse**	tell
creidiúint	**creistiúint**	**creidbheáil**	believe
iompú	*iompú*	**tiompódh**	turn
glacadh	**glacadh**	**glacaint/glacadh**	grasp, accept
tuiscint	*tuiscint*	**tuigbheáil**	understand
tosnú	**tosaí**, *tosú*	**toiseacht**	begin
taitneamh	**taithneachtáil**	**taitbheáil**	please
geallúint	*gealladh*	**geallstan**	promise
léimiúint	*léim*(t)	**léimneach**	jump
roinniuint	*roinnt*	**rannadh/*roinnt***	divide, share
smaoineamh	*smaoineamh*	**smaoitiú**	think

In some instances, verbal nouns may vary by meaning. In Connemara, for example, the verbal noun of **cas** is **casadh** when the meaning 'turn, twist', or 'play' is intended, but when **cas** means 'meet', the verbal noun is **castáil**. .

Verbal adjectives also vary, although somewhat less than verbal nouns. The following table illustrates some of the pronunciation variations, which in some cases may exist alongside the standard form, and in others replace it.

Munster	Connacht	Ulster
foghlamtha	**foghlamta**	*foghlamtha*
ceannaithe	**ceannaí**	**ceannaí**
oscailte	**osclaí**	*oscailte*/**osclaiste**
ceanglaithe	**ceanglaí**, *ceangailte*	*ceangailte*
feiscithe	*feicthe*	*feicthe*
fagaithe	**fágtha(í)**	*fágtha*
scrite	*scríofa*, **scriofta**	**scriuta**/*scríofa*

Irregular verbs

Each dialect diverges from the standard forms given in *Basic Irish* in certain irregular verbs. Although the tense/person endings are as described above, the irregular stems themselves may vary. These variations are summarized below. Unless otherwise mentioned, any stem variation in the present tense is also found in the past habitual, and any variant future stem is also used for the conditional.

Bí varies least. In Waterford, **tá** is pronounced **thá**, and in Kerry present-tense suffixes may be added as for regular verbs: **tánn sé**. Otherwise, the principal variation is in the pronunciation of the future and dependent past forms:

	Munster	Connacht	Ulster
beidh	**be**	**bei/be**	**bei/be**
raibh	**reibh**	**ro**	**ro**

There are also regional variants of the past impersonal **bhíothadh** in Connacht and **bhíothar** (alongside standard **bhíothas**) in Ulster.

Beir is conjugated like the standard in Connacht and Munster and for the most part in Ulster. The past tense may take the form **bheir** as well as **rug** in Ulster, and the future retains a short vowel and slender *r:* **beirfidh** (pron. *beirhe*).

Clois/cluin varies only in the choice of present stem (**cluin** in Ulster and Mayo, **clois** elsewhere), in the Munster verbal noun **clos** or **cloisint**, and the Connacht past impersonal **cloiseadh**.

Deir (abair) also varies relatively little. In Connacht and Ulster an alternative present stem based on the imperative is found alongside **deir**: **abraíonn** in Connacht and **abrann** in Ulster. **Abrocha** is also a possible Ulster future alongside the standard stem *déar-*. In Munster the standard forms are found, but an irregular verb **níseann** (cf. **insíonn** 'tell') with future/conditional **neosa** is also found.

Déan varies from the standard in the present tense in Ulster, where **níonn** 'does' is the independent form and **ní théanann/cha dtéanann** the dependent. Past-tense forms may omit the final vowel: **rinn, ní thearn**. In Connacht, there is a growing tendency to regularize the dependent past forms, using **rinne** with the negative/question/subordinate particles in place of **dearna**. Munster has regularized the past differently, as **dhein**, used with the regular subordinate particles **níor**, etc.

Faigh is not lenited in the future forms in Munster: **geód, geóir, geó sé**, etc. In Ulster, a non-standard stem **gheibh** is used alongside standard **faigh**. The Connacht impersonal past is nonstandard **fuaireadh** or **fritheadh**.

Feic is nonstandard in both Munster and Ulster, where older independent forms are used in present, past habitual, and future/conditional tenses. The stem is **cíonn** in Munster and **tíonn** in Ulster (**tife** in the future). Dependent particles, however, are followed by **feiceann** as in Connacht and the Official Standard. The Munster past tense loses the first syllable as a result of the regular Munster stress shift to become **chnuc** 'I saw', **chnuicís** 'you saw,' **chnuic sé** 'he saw', etc. The verbal noun is **fiscint** in Munster. The only nonstandard form in Connacht for this verb is the past impersonal: **facthas/b'fhacthas**.

Ith follows the standard in having only an irregular future stem *íos-*. This stem may also be used for the present tense in Connacht and Ulster.

Tabhair has nonstandard forms in the present and future tenses in Ulster, where it almost falls together with **beir**, but with initial lenition: **bheiream, bheireann tú**. Dependent particles are followed by the standard stems *tug-* in the present and **tabhair** in the future. In Connacht, the standard forms are used, except that future **tabhair** is pronounced with a slender *t:* as if **tiúrfaidh mé**.

The present stem of **tar** is also pronounced with a slender *t* in Connacht: *teag-*. In Ulster (and parts of Mayo), the stem *tig-* is used, with or without the present tense suffix, and it may be lenited; **tig, tigeann, thig, thigeann** are all found. In Munster, the future stem is pronounced with broad *t*, as **tuca**. Imperative singulars are **tair** in Munster, **teara** in Connacht, and **tar** in Ulster. **Gabh** is also used as an imperative in Connacht and Ulster. Connacht has an alternative verbal noun, **tíocht** alongside **teacht**.

For **téigh**, deviations from the standard are found mainly in the future stems. In Munster one finds **raghaig** 'will go', pronounced as a single syllable. The verb **gabh** 'go, proceed' is also used as a future in Connacht, where it has all but replaced **rachaidh**, and as an alternate form in Munster. It is also used as an imperative in Connacht and Ulster. The most common verbal noun pronunciation in Connacht and Ulster is **goil** rather than **dul**. The table below shows only the nonstandard forms found in each region (where Caighdeán forms may be in use too). Stems listed below as present tense are, as usual, also used in the past habitual, and future stems also in the conditional. Dependent forms shown here with **ní** are also used with other particles. Other features particular to a region (Ulster negative **cha**, Munster suffixes, etc.) are found as described above.

Summary of irregular verb variation (third-person forms)

		Munster	*Connacht*	*Ulster*
Abair	Pr.	**níseann**	**ní abraíonn**	**ní abrann**
	Fut.	**neosa**		**abrocha**
Bí	Pr.	**thá, tánn**		
	Pa.		(imps.) **bhíothadh**	**bhíothar**
Clois	Pr.			**cluineann**
	Pa.		(imps.) **cloiseadh**	
	VN	**clos, cloisint**		
Déan	Pr.			**níonn**
	Pa.	**dhein**	**ní rinne**	**rinn, ní thearn**
Faigh	Pr.			**gheibheann**
	Fut.	**geó**		
	Pa.		(imps.) **frítheadh, fuaireadh**	

		Munster	*Connacht*	*Ulster*
Feic	Pr.	**cíonn**		**tíonn**
	Fut.	**cífidh**		**tife**
	Pa.	**chnuic**		
	VN	**fiscint**		
Ith	Pr.		**íosann**	**íosann**
Tabhair	Pr.			**bheireann**
				ní thugann
	Fut.		**tiúrfaidh**	**bheirfidh**
				ní thabharfaidh
Tar	Pr.		**teagann**	**t(h)ig(eann)**
	Fut.	**tuca**		
	Imper.	**tair**	**teara, gabh**	
	VN		**tíocht**	
Téigh	Fut.	**raghaig, gabhaig**	**gabhfaidh**	
	Imper.	**gabh**		**gabh**
	VN		**goil**	**goil**

Exercises

1 Change the Munster endings in the sentences below to forms with separate pronoun subjects.

1 Shábháladar an féar inné.
2 An mbearrfair d'fhéasóg?
3 Scríobhas chuig mo mhuintir.
4 Cruinneod airgead do na daoine bochta.
5 Gortóir thú féin.
6 Snámhaid sa loch gach lá.
7 An bhfacais an clár nua?
8 Ar ghlanabhair an chistin?
9 Léamhair leabhar maith.
10 Molfaid an múinteoir sin.

2 Rewrite the following, using the Munster endings.

1 Glanfaidh mé an teach amárach.
2 Cén fáth ar bheannaigh sibh mé i mBéarla?
3 Rith mé abhaile.
4 Imreóidh muid cluiche cártaí.
5 Casann siad ar a chéile go minic.
6 Níor fhreagair sibh ar na ceisteanna.
7 An nglacfaidh tú leis an leithscéal?
8 Chreid siad an scéal.

   9   Ar chum tú an t-amhrán?
   10 Ní labhraíonn siad Gaeilge.

3 Answer the following using response forms with endings. And fill the
   blank to form a confirming question.

   1   Ar chuala tú caint ar Sheán Ó Riada?
   2   An dtiocfaidh tú linn?
   3   Chonaic tú Siobhán i gCiarrai, nach _____?
   4   An tuigeann tú Gaeilge?
   5   Ar choinnigh tú an t-airgead?

4 Identify the dialect of each of the following sentences, by the initials,
   M, C, or U.

   1   Thá an litir scrite.
   2   Chan fhuil mé ábalta é a thuigbheáil.
   3   Bhíodar sásta fanúint.
   4   Bhí sí ag inseacht scéil.
   5   Tá siad dár leanaint.
   6   Do bhíos tuirseach.
   7   Caithfidh muid é a chreistiúint.
   8   Feiceamaid na haisle.
   9   Tá an doras osclaithe.
   10 Tánn sibh ag tosnú anois, nach bhfuil?

5 Change each of the following standard irregular verb forms to a form
   used in the province specified.

   1   An gcloiseann tú an torann? (U)
   2   Ní itheann sí feoil. (C)
   3   Ní déarfaidh mé focal eile. (M)
   4   Rinne sé an obair go maith. (M)
   5   Is minic a dhéanann sé obair maith. (U)
   6   An ndearna tú é? (C)
   7   Rachaimid abhaile. (C)
   8   Feicfidh mé sibh. (M)
   9   Tabharfaidh sé bronntanas duit, ach an dtabharfaidh tú bronntanas
        dó? (U)
   10 Gheobhaidh sí pá amárach. (M)
   11 Níor chualathas rud ar bith. (C)
   12 Tagann siad go minic. (U)

6 Identify the sentences below that contain a mixture of forms from different dialects. Consider vocabulary, noun, and adjective forms as well as verbs.

1 Ní abrann sí faic as Gaolainn.
2 Ní rinne muid tada go fóill.
3 Cheannaigh muid madra le rioball fada.
4 Cha raibh sé sásta fanúint fiú bomaite.
5 Ní gheibheann muid ár sáith.
6 Tá tú níos treise ná fear mo dhreifíre.
7 Geód radharc trí na fuinneogacha.
8 Do dhíol muid go leor pint aréir.
9 Cloiseadh madra ag tafann.
10 Tháinig an geimhreadh go luath i mbliana.

Answers to exercises

1 1 Shábháil siad an féar inné. 2 An mbearrfaidh tú d'fhéasóg? 3 Scríobh mé chuig mo mhuintir. 4 Cruinneoidh mé airgead do na daoine bochta. 5 Gortóidh tú thú féin. 6 Snámhann siad sa loch gach lá. 7 An bhfaca tú an clár nua? 8 Ar ghlan sibh an chistin? 9 Léigh muid leabhar maith. 10 Molfaidh siad an múinteoir sin.

2 1 Glanfad an teach amárach. 2 Cén fáth ar bheannaíobhair mé i mBéarla? 3 Ritheas abhaile. 4 Imreóm cluiche cártaí. 5 Casaid ar a chéile go minic. 6 Níor fhreagraíobhair ar na ceisteanna. 7 An nglacfair leis an leithscéal? 8 Chreideadar an scéal. 9 Ar chumais an t-amhrán? 10 Ní labhraíd Gaeilge.

3 1 Chualas *or* Níor chualas. 2 Tiocfad *or* Ní thiocfad. 3 Chonaic tú Siobhán i gCiarraí, nach bhfacais? 4 Tuigim *or* Ní thuigim. 5 Choinníos *or* Níor choinníos.

4 1 M 2 U 3 M 4 C 5 U 6 M 7 C 8 U 9 C 10 M

5 1 An gcluineann tú an torann? 2 Ní íosann sí feoil. 3 Ní neosad focal eile. 4 (Do) dhein sé an obair go maith. 5 Is minic a níonn sé obair maith. 6 An rinne tú é? 7 Gabhfaidh muid abhaile. 8 Cífidh mé sibh. *or* Cífead sibh. 9 Bheirfidh sé bronntanas duit, ach an dtabharfaidh tú bronntanas dó? 10 Geó sí pá amárach. 11 Níor cloiseadh rud ar bith. 12 Tigeann siad go minic. *or* Tig siad *or* Thig siad *or* Thigeann siad ...

6 Sentences 1, 3, 4, 6, 8, and 9 show dialect mixing.

UNIT TWENTY-FIVE
Dialect variation IV: prepositions

The pronunciation of prepositional pronoun forms varies considerably from region to region, even when spelled alike. Unfamiliar spellings in this unit are adapted from the standard to reflect dialect pronunciations.

General pronoun patterns

As a general rule, second-person plural forms ending in -*ibh* are pronounced in Connacht with a slender *b* when the prepositional pronoun is one syllable, and with no consonant, but a long vowel *í* when it is two syllables. In the other dialects, these forms are pronounced more like the standard spelling, with final slender /v/.

Connacht	Munster/Ulster	
lib	**libh**	with you
dhaoib	**dhaoibh**	to you
dhíb	**dhíbh**	of you
fúib	**fúibh**	under, about you
agaí	**agaibh**	at you
oraí	**oraibh**	on you
uathaí	**uathaibh**	from you

Third-person plural ('them') forms spelled with *u* are pronounced in Connacht as if they ended in a *b*; Munster speakers tend to reduce the final vowel *u* to something sounding like 'uh'; but in Ulster it remains clearly /u/. These patterns can be seen in the following paradigms for several representative prepositional forms.

Connacht	Munster	Ulster	
acub	acu/aca	acu	at them
orthub	ortha	orthu	on them
uathub	uatha	uathu	from them
iontub	ionta	iontu	in them

Single-syllable 'them' forms in the Official Standard, as well as a few others, are pronounced in Ulster as two syllables separated by an /f/.

Connacht/Munster	Ulster	
díobh	díofa	of them
dóibh	dófa	to them
uathu(b)	uofa	from them
fúthu(b)	fúfa	under them
leo(b)	leofa	with them

Mergers, differentiations, reductions

In every dialect, the prepositions **de** and **do** have fallen together to some extent, so that they are indistinguishable in pronunciation. In Connacht, both are pronounced as **go**, elsewhere **do**. The prepositional pronoun forms are likewise often merged, at least in some forms. Most often, forms of **do** are substituted for forms of **de** rather than the reverse. Additionally, the forms of these prepositions are usually pronounced as if lenited in Connacht (unless following a word ending in *t*, *d* or another lenition-blocking consonant) and sometimes in Munster as well. Spellings reflecting pronunciation in each dialect are provided below.

do/de		de		
M/C	U	M/C	U	to/from/of
d(h)om	domh, dom	d(h)íom	daom	me
d(h)uit	duid	d(h)íot	daod	you
d(h)o/d(h)ó	dó	d(h)e	de	him
d(h)i	daoithe	d(h)i	daoithe	her
d(h)úinn	dúinn	d(h)ínn	daoinn	us
d(h)íb/dhaoibh	daoibh	d(h)íbh	daoibh	you pl.
d(h)óibh	daofa, dófa	d(h)íobh/dhíob	daofa, dófa	them

In Connacht, pronoun forms of **chuig** are generally pronounced without the initial /h/, making them indistinguishable from the forms of **ag**. Additionally, the *g* is often omitted in first-person and second-person singular forms of **ag**, but not from the corresponding forms of **chuig**.

Níl a fhios 'am.	I don't know. (**agam**)
Chuir sé agam é.	He sent it to me. (**chugam**)

The simple prepositions **ag** and **chuig** are also collapsed in Ulster (as **eig**), but not the pronoun forms. Munster, and sometimes Ulster, speakers delete the *g* in first and second persons, reducing these prepositional forms to a single syllable and making them even more distinct from **ag**. The pronoun forms of **chuig** are shown (as pronounced) below.

Connacht	*Munster*	*Ulster*
agam	chúm	hogam, húm
agat	chút	hogad, húd
aige	chuige	heige
aici	chúithe	heici
againn	chúinn	hogainn, húinn
agaí	chúibh	hogad, húibh
acub	chútha	hocu, heocu

Chuin has replaced **chuig** as the simple preposition in parts of Munster.

In most dialects, **faoi** (**fé** in Munster) means both 'under' and 'about', but in Ulster the two are distinguished. **Fá** is used for 'about' (the compound form **fá dtaobh do** is used with pronouns), and **faoi** is reserved for the meaning 'under'.

ag caint fá Dhónall	talking about Dónall
ag caint fá dtaobh domh	talking about me
ag caint fá dtaobh di	talking about her
faoin bhord	under the table
faoi	under it
fúfa	under them

Vowel (and some consonant) variations

Some Ulster pronunciations of **faoi** extend the vowel *ao* to all pronoun forms: **faom** instead of **fúm**, **faoinn** for **fúinn**, etc. Other speakers use standard *ú*.

Munster speakers may shift the stress in two-syllable pronoun forms of **ag**, **ar**, **as**, **i** to the second syllable, pronouncing them thus:

aRUM	on me
asTAIBH	from you (plural)
aGAINN	at us

| **iGE** | at him |
| **uNAT** | in you |

First- and second-person forms shift stress more often than third-person forms. Stress is always possible on the first syllable too.

The feminine form **léi** 'with her' is usually pronounced as two syllables in Connacht and Ulster: **léithe** in Ulster and **léithi** in Connacht. In Munster, it may be pronounced **léithe** or **lé**.

Other vowels vary considerably from dialect to dialect, but these are best learned through listening and will not be described further here.

Trí is pronounced in Ulster with an /f/ in place of /t/: **frí**, **fríom**, **fríot**, etc. In Connacht, and sometimes Munster, the /t/ is lenited: **thrí**, **thríom**, **thríot**, etc.

Pronoun forms for simple prepositions

Throughout the history of Irish, one sees a tendency for the masculine third-person singular to be used for the simple preposition as well. Although they are spelled differently, both **ar** and **air** are pronounced in all dialects like the pronoun form, with a slender *r*. **Faoi** (**fé** in Munster) is another old example (the original simple preposition was **fá**). Before **an**, the masculine forms of **le** and **trí** are also used, but not elsewhere:

| **leis an bhfear** | with the man |
| **tríd an bpáirc/fríd an pháirc** | through the field |

| **le hÚna** | with Úna |
| **trí Ghaillimh** | through Galway |

In other cases the dialects vary. **Ag** is replaced by **aige** in parts of Munster (and the slender consonant is found everywhere, as with **ar**). In Connacht, **uaidh** is used increasingly instead of **ó**. In Ulster **roimhe** is found in place of **roimh** and **fríd** in place of **frí**.

Mutations after preposition + article

When a preposition is followed directly by a noun, the particular preposition determines whether the consonant of the noun is affected by mutation, and there is no dialect variation. When a singular noun plus the definite article **an** follows a preposition, however, the dialects differ on the mutation process. This variation was introduced in Unit 9 of *Basic Irish* and will be briefly reviewed here.

All dialects lenite a noun after **de** and **do** plus **an**: **don bhuachaill** 'to the boy'. Following **i(n)**, which merges with the article as **sa**, lenition is found in Ulster and Munster, but eclipsis in Connacht: **sa bhosca** (Munster, Ulster)/**sa mbosca** (Connacht) 'in the box'. All other prepositions cause eclipsis in Munster and Connacht, but lenition in Ulster: **ar an mbád** (Munster, Connacht)/**ar an bhád** (Ulster) 'on the boat'. Plural nouns after **na** are not affected by prepositions, although the *h* that separates an initial vowel from **na** is retained in all dialects: **ar na hoileáin** 'on the islands'. A feminine noun beginning with *s* and preceded by **an** retains the prefixed *t* in prepositional phrases: **ar an tsráid** 'on the street'.

Other prepositions

A few other prepositions with pronoun suffixes are used only in some dialects. These include **fara** 'along with', **ionsair** 'towards', and **um** 'around, about'. Because their use is limited, their pronoun forms will not be introduced here; they can be found in major dictionaries.

Exercises

1 In the sentences below, identify by province the dialect of the prepositions.

    1 Bhí mé ag caint leofa.
    2 Labhair léithi; tá sí go deas.
    3 Cuirfidh mé nóta agat.
    4 Bhíomar ag caint fán scrúdú.
    5 Tháinig sé chúm.
    6 Taispeáin daoithe é.
    7 Beidh sé anseo roimhe Nollaig.
    8 Níl aon airgead 'am.
    9 Tá sé aige Conchúr.
    10 Geobhaidh tú uaidh shiopa Cháit é.

2 Try to pronounce each of the following as they would be pronounced in the region specified.

    1 agaibh (C)
    2 leo (C, U)
    3 chugainn (M)
    4 díom (U, C)

    5 orthu (M)
    6 agat (C)
    7 faoi (M)
    8 tríd (U,C)
    9 uathu (C)
   10 di (U)
   11 dom (U, C)
   12 chuige (M, U, C)
   13 libh (C)
   14 léi (U)
   15 acu (M, U, C)

3 Change the following sentences to fit the dialect specified.

    1 Shiúileas tríd an bpáirc. (U)
    2 Fuair mé ó Sheán é. (C)
    3 Béidh Rónán anseo an tseachtain seo chugainn. (M)
    4 Cuir do leabhar sa mhála. (C)
    5 Bhíodar ag caint fút. (U)
    6 Beidh ceol ag an teach s'againne anocht. (C)
    7 Tá an carr ag Bríd faoi láthair (M)
    8 Tá sé thall in aice leis an gcarr. (U)
    9 Téann muid ag snámh sa bhfarraige (M)
   10 Ar chualais aon scéal fé Mháire? (U)

4 Identify the sentences with dialect mixture. Identify the dialect of the
   unmixed sentences.

    1 Thaithnigh an oíche sa teach s'ainne réasúnta maith le 'chuile
       dhuine.
    2 Ghealladar domh go mbeadh foighid acub.
    3 Bhí mé ag smaoitiú go bpillfeadh sibh fé cheann bomaite.
    4 B'é sin an radharc déanach a fuaireamar ortha.
    5 Goidé a chuireadar faoin gcathaoir?
    6 Cathain a gheibheann tú do phá uaidh an bhainisteoir?
    7 Tabharfad mo dhínnéar daofa, mar ní íosaim feoil in aon
       chor.
    8 Ní fheicim mo spéaclaí. Céard a dheineas leofa?
    9 Inseochaidh mé scéal dófa fán chaiftin.
   10 Cha n-abraíonn sé mórán fá dtaobh dó féin, ach tánn a shaol
       an-suimiúil.

Answers to exercises

1 1 U   2 C   3 C   4 U   5 M   6 U   7 U   8 C   9 M   10 C

2 1 agaí 2 leob, leofa 3 chúinn 4 daom, dhíom (or dhom) 5 ortha 6 at 7 fé 8 fríd, thríd 9 uathub 10 daoithe 11 domh, dhom 12 chuige heige, aige 13 lib 14 léithe 15 aca, acu, acub

3 1 Shiúil mé fríd an pháirc. 2 Fuair mé uaidh Sheán é. 3 Béidh Rónán anseo an tseachtain seo chúinn. 4 Cuir do leabhar sa mála. 5 Bhí siad ag caint fá dtaobh duid. 6 Beidh ceol ag an teach s'ainne anocht. 7 Tá an carr aige Bríd faoi láthair 8 Tá sé thall in aice leis an charr. 9 Téimid ag snámh san fharraige 10 Ar chuala tú aon scéal fá Mháire?

4 Sentences 2, 3, 5–8, and 10 are mixed. Sentence 1 is Connacht dialect, 4 is Munster, and 9 is Ulster.

IRISH–ENGLISH AND ENGLISH–IRISH GLOSSARIES

Irish–English glossary

ábalta   able
abhaile   homeward
abhainn (aibhneacha), *f.*   river
ábhar (ábhair)   subject
abhus   here, on this side
adh   luck
adhmad   wood
aduaidh   from the north
ag   at, by
aiféala   regret
aifreann (aifrinn)   mass
áilleacht, *f.*   beauty
aimsir, *f.*   weather, time
ainm (-neacha)   name
airgead   money, silver
airigh (-eachtáil)   feel, perceive
áirithe   certain, particular
aisteach   strange, odd
aisteoir (-í)   actor
áit (-eanna), *f.*   place
aithin (-t)   recognize
aithne, *f.*   acquaintance
áitigh (-iú)   persuade
álainn   beautiful
alt (ailt)   article, paragraph
am (-anna)   time
amach   out(ward)
amadán (amadáin)   fool
amárach   tomorrow
amháin   one
amharc   sight, looking at
amharclann (-a), *f.*   theatre
amhlaidh   thus
amhrán (amhráin)   song
amuigh   out(side)

anall   from over there
aneas   from the south
aniar   from the west
aníos   upward (from below)
annamh   rare
anoir   from the east
anois   now
anonn   across, over there
anseo   here
ansin   there
ansiúd   over there, yonder
anuas   downward (from above)
anuraidh   last year
aois (-eanna), *f.*   age
aontaigh (-ú)   agree, unite
ar   on
ar aghaidh   ahead
ar ais   back, in return
ar ball   in a while, a while ago
ar bharr   on top of
ar bith   any, at all
ar feadh   during, throughout
ar fud   throughout, among
ar nós   like, as
ar siúl   going on, happening
ar son   for the sake of
arán   bread
áras (árais)   building
ard   high, tall
ardaigh (-ú)   raise
aréir   last night
arís   again
arm (airm)   army
arú amárach   day after tomorrow
arú inné   day before yesterday
as   out of, from
asal (asail)   ass, donkey
athair (aithreacha)   father
áthas   joy
athraigh (-ú)   change

b'fhéidir   maybe, perhaps
babóg (-a), *f.*   doll
bac (-adh)   bother
bád (báid)   boat
bádóir (-í)   boatman
báigh (bá)   drown
baile (-te)   town, village
bailigh (-iú)   collect, pick up
bain (-t)   dig, extract, get
bainis (-eacha), *f.*   wedding
bainisteoir (-í)   manager
bainne   milk
baint, *f.*   connection, association

báisteach, *f.*   rain
bán   white
banaltra (-í), *f.*   nurse
bás (-anna)   death
beag   small
beagnach   almost
béal dorais   next door
bealach (-aí)   way, route
Bealtaine, *f.*   May
bean (mná), *f.*   woman
bean sí, *f.*   fairy woman
bean tí (mná tí)   landlady
beannaigh (-ú)   greet, bless
bearr (-adh)   shave, trim
beidh   will be
béile (-í)   meal
beir (breith)   bear, catch, carry
beirt, *f.*   two people
beithigh   cattle
beo   alive, lively, quick
bheadh   would be
bhí (ní raibh)   was
bia   food
bialann (-a), *f.*   restaurant
bille (-í)   bill
binse (-í)   bench
bith   existence
bithiúnach (-aigh)   scoundrel
blas (-anna)   taste, (good) accent
blasta   tasty
bláth (-anna)   flower
bliain (blianta), *f.*   year (**i mbliana:**   this year)
bocht   poor
bog   soft
boladh   smell
bomaite   minute
bord (boird)   table
bosca (-í)   box
bóthar (bóithre)   road
botún (botúin)   mistake
bráillín (-í), *f.*   sheet
braith (brath)   depend, feel
branda   brandy
braon (-ta)   drop
brat (brait)   cloak, covering
breá   fine
bréag (-a), *f.*   lie
breathnaigh (-ú)   watch, look at
brí   meaning
bríomhar   lively
bris (-eadh)   break
bríste (-í)   pants,trousers
bróg (-a), *f.*   shoe
brón   sorrow

bronntanas (bronntanais) gift
brúigh (brú) push
buachaill (-í) boy
buaigh (-chan) win
buail (bualadh) beat, strike
buail le meet
buí yellow
buicéad (buicéid) bucket
buidéal (buidéil) bottle
buíochas thanks
búistéir (-í) butcher
bunaigh (-ú) establish, found
bunscoil (-eanna), *f.* primary school

cá where
cad what
cailín (-í) girl
caill (-eadh) lose
cailleach (-a), *f.* old woman, hag
caint, *f.* talking
caisleán (caisleáin) castle
caite past
caith (-eamh) wear, spend, throw
caithfidh must
cam crooked
can (-adh) sing
cantalach cross, crabby
caochta drunk
caoi condition; **cur ~ ar**: repair; **cén chaoi**: how
caoin (-eadh) cry
caoireoil, *f.* mutton
caora (caoirigh), *f.* sheep
capall (capaill) horse
cara (cairde) friend
carr (-anna) car
cas (-adh) turn, play, sing
casta complex, twisted
cathain when?
cathair (cathracha), *f.* city
cathaoir (-eacha), *f.* chair
cé who, what
cé go although
ceacht (-anna) lesson
cead permission
céad hundred
ceangail (ceangal) tie
céanna same
ceannaigh (-ch) buy
ceannaire (-í) head, leader
ceantar (ceantair) district, neighborhood
ceap (-adh) think, appoint
cearc (-a), *f.* hen
céard what

ceart right, correct
ceartaigh (-ú) correct
ceathrú quarter
céile spouse
ceimic, *f.* chemistry
ceist (-eanna) question
cén what, which (+ *noun*)
cén uair when?
ceo fog
ceol (-ta) music
ceolchoirm (-eacha), *f.* concert
ceoltóir (-í) musician
chéad first
cheana already, previously
chomh as
chonaic (ní fhaca) saw
chuaigh (ní dheachaigh) went
chuala heard
chuig to, toward
'chuile every
'chuile shórt everything
chun to, up to
ciall, *f.* sense
cigire (-í) inspector
cineál (-acha) kind, type
cinnte certain(ly), sure
cion affection
cíos rent
ciseán (ciseáin) basket
cistin (-eacha), *f.* kitchen
ciúin quiet
cladhaire coward
clár (cláir) program, board
clé left
cléireach cleric(al)
cliste clever
cló (-anna) print
cloch (-a), *f.* stone
clog (-anna) clock
clois (-teáil) hear
cluiche (-í) game
cluiche ceannais championship match
cnoc (cnoic) hill
codail (codladh) sleep
cófra (-í) cupboard
coicís, *f.* fortnight
coinnigh (-eáil) keep, continue
cóip (-eanna), *f.* copy
coir, *f.* just, right, justice
coirnéal (coirnéil) corner
cóisir (-í), *f.* party
coitianta common, usual
col ceathar (col ceathracha) first cousin

comharsa (-na), *f.* neighbour
comhlacht (-a), *f.* company, business
compordach comfortable
cónaí residence
conas how
corruair occasionally
cos (-a), *f.* foot
cósta (-í) coast
costasach expensive, costly
cosúil similar, apparent
craic, *f.* fun, good times
craiceann (craicne), *f.* skin
crann (crainn) tree
craol (-adh) broadcast
creid (-iúint) believe
críochnaigh (-ú) finish
croch (-adh) hang
croí (-the) heart
crosbhóthar (crosbhóithre) crossroad
crosta cross, crabby
crua hard
cruinn round, exact
cruinnigh (-iú) gather, collect
cruinniú (cruinnithe) meeting
cuairt (-eanna), *f.* visit
cuairteoir (-í) visitor
cuid, *f.* portion
cuidigh (-iú) help
cuimhin (is ~ le) remember
cuimhnigh (-eamh) remember
cuíosach all right, so-so
cuir (cur) put, plant
cúirt (-eanna), *f.* court
cúis (-eanna), *f.* cause
cuisneoir (-í) refrigerator
cúl (cúil) back, rear
cum (-adh) compose, invent
cumas ability, power
cúnamh help, assistance
cúng narrow
cúntóir (-í) assistant
cupán (cupáin) cup
cúramach careful

d'ainneoin despite
dá if
daingean firm, strong, secure
daite coloured
dall blind
dalta (-í) pupil
damhsa dancing
dán (-ta) poem
dána bold, naughty
dánlann (-a), *f.* art gallery

daor   expensive, dear
dara   second
dath (-anna)   color
de   of, from
de bharr   as a result of
de réir   according to
deacair   difficult
deacracht, *f.*   difficulty
déag   -teen
dealaigh (-ú)   analyze, differentiate
déan (-amh)   do, make
deara, tabhairt faoi deara   notice
déarfaidh   will say
dearg   red
deartháir (-eacha)   brother
deas   nice
deas (ó dheas)   south, southward
deifir, *f.*   rush, hurry
deilf (-eanna), *f.*   dolphin
deir   says
deireadh seachtaine   weekend
deireanach   last
deirfiúr (-acha), *f.*   sister
deis   right (direction)
deis (-eanna), *f.*   opportunity
deisceart   southern territory
deo   forever
deoch (-anna), *f.*   drink
Dia   God
diabhal (diabhail)   devil
díol (díol)   sell
díon (-ta)   roof
díreach   direct, straight
dlúth   tight, close
do   to, for
dóbair (do + *VN*)   almost
dóchas   hope
dochtúir (-í)   doctor
dóigh (dó)   burn
dóigh (-eanna), *f.*   way, manner
domhain   deep
dona   bad
doras (doirse)   door
dreancaid (-í)   flea
dréimire (-í)   ladder
drisiúr   dresser, hutch
droch-   bad
drogall   reluctance
droichead (droichid)   bridge
duais (-eanna), *f.*   prize
dubh   black
duilleog (-a), *f.*   leaf
duine (daoine)   person
dúirt   said

dúisigh (-eacht)   wake
dún (-adh)   close

éadach (-aí)   cloth
éadaí   clothes
éadrom   light(weight)
eagar   order, organization
éan (éin)   bird
earraí   goods, wares
éasca   easy
éifeachtach   effective
éigean, ar éigean   hardly
éigin   some
eile   other, another
éiligh (-iú)   demand
éirigh (-í)   rise, become; **as**: give up
éist (-eacht)   listen, leave alone
eitil (-t)   fly
eolaíocht, *f.*   science, body of knowledge

fad, *f.*   length
fada   long, far
fadhb (-anna), *f.*   problem
fadó   long ago
fág (-áil)   leave
faic   nothing
faigh (fáil)   get
fáilte   welcome
faitíos   fear
fan (-acht)   stay, wait
fann   weak, insipid
faoi   under, about
faoi cheann   by the end of (a period of time)
faoistin, *f.*   confession
farraige, *f.*   sea
fás (fás)   grow
fata (í)   potato
fáth (-anna)   reason
feabhas   improvement, excellence
féach (-aint)   look at
féad (-achtáil)   be able
feann (-adh)   flay
féar (féir)   grass, hay
fear (fir)   man
fearg   anger
fearr   better
fearthainn, *f.*   rain
féasóg (-a), *f.*   beard
feic (-eáil)   see
féidir   possible
feil (-iúint)   suit, fit
féile (-te), *f.*   festival
féin   self
feirm (-eacha), *f.*   farm

feoil, *f.*   meat
fiafraigh (-ú)   ask
fiáin   wild
fial   generous
fíon   wine
fios   knowledge; **cuir:** send for
fírinne, *f.*   truth
fisic, *f.*   physics
fiú   worthwhile, even
Flaitheas   heaven, heavenly kingdom
fliuch (-adh)   wet, get wet
focal (focail)   word
foghlaim (foghlaim)   learn
foighid, *f.*   patience
fóill   still, yet
foireann (foirne), *f.*   team
foláir (ní ~)   must
folamh   empty
fós   yet, still
freagair (-t)   answer
freagra (-í)   answer
freastail (freastal)   attend, serve
freisin   also, too
fuacht (*noun*)   cold
fuaimnigh (-ú)   pronounce, sound
fuair   got
fuar (*adjective*)   cold
fuinneog (-a), *f.*   window
furasta   easy

gá   necessity
gabha (gaibhne)   smith
gach   every, each
gáirdín (-í)   garden
gáire   laughing
gairid   shortly, soon
galar (galair)   disease
galún (galúin)   gallon
gaoth (-anna), *f.*   wind
garda (-í)   police
garraí (garraithe)   field, garden
gasúr (gasúir)   child
gé (-anna), *f.*   goose
geal   bright
geall (-adh)   promise
geall (-ta)   promise, bet
géar   sharp, sour
gearr   short
gearr go   soon
gearr (-adh)   cut
geimhreadh (-í)   winter
gheobhaidh (ní bhfaighidh)   will get
glac (-adh)   accept
glan (*adjective*)   clean

glan (-adh)   clean
glaoch   call
glasra (-í)   vegetable
glic   clever, sly
gloine (-í), *f.*   glass
gnó   business
gnóthaigh (-chtáil)   win
go brách   forever, never
go ceann   for (duration)
go dtí   to, towards
go leith   and a half
go leor   much, many, enough
goid (goid)   steal
goidé   what
gorm   blue
gorta (-í)   famine
gortaigh (-ú)   injure, hurt
gráin, *f.*   hatred
gránna   ugly, nasty
greann (*genitive*** grinn)**   humor
gréasaí (gréasaithe)   shoemaker
greim (greamanna)   bite, grip
grian, *f.*   sun
gruaig, *f.*   hair
guigh (guí)   pray
gúna (-í)   dress

i dtaobh   about, concerning
i gcaitheamh   during
i gceann   within, at the end of (a period of time)
i gcomhair   for, in readiness for
i gcónaí   always
i lár   in the middle of
i measc   among
i ndéidh   after
i ndiaidh   after, following
i ngeall ar   because of
i(n)   in
iachall (cuir ~ ar)   require, force
iallach (cuir ~ ar)   require, force
iarann (iarainn)   iron
iarr (-aidh)   ask for, request
iarthar   western territory
iasc (éisc)   fish
iascaire (-í)   fisherman
imigh (-eacht)   depart, go
imir (-t)   play (games)
imní   worry
in aghaidh   against
in áit   instead of
in ionad   in place of
iníon (-acha)   daughter
inis (insint)   tell
inné   yesterday

inneall (innill) engine, machine
íoc (íoc) pay
iománaíocht, *f.* hurling
iomarca, *f.* excess
iomlán entire, whole
iompaigh (-ú) turn
iompair (iompar) carry; **ag ~ clainne**: pregnant
iondúil usual
iontach wonderful
iontas surprise
íosfaidh will eat
íoslach (-aigh) basement
iriseoir (-í) journalist
íseal low
isteach in(ward)
istigh inside
ith (-e) eat

lá (laethanta) day
labhair (-t) speak
lách nice, kind, friendly
lag weak
laghad smallest amount, least
laghdaigh (-ú) decrease, lessen, weaken
láidir strong
lámh (-a), *f.* hand
lán full
lár centre
láthair presence; **faoi ~:** at present, now
le with
le haghaidh for
le linn during (a time period)
le taobh beside, compared with
leaba (leapacha), *f.* bed
leabhar book
leabharlann (-a), *f.* library
léacht (-anna) lecture
leag (-an) place, lay, knock down
lean (úint) follow
leanbh (linbh) child, baby
leath half
leathan wide
leathuair half-hour
léigh (-amh) read
léim (léim) jump, leap
léine (-te), *f.* shirt
léir clear, apparent
léirmheas (-anna) review
leisce, *f.* sloth, laziness
leisciúil lazy
leithéid the like of
leithscéal excuse
lig (-ean) let, allow
líne (-í) line

linn, (-te), *f.* pool
líon (-adh) fill
líon (-ta) net
litir (litreacha), *f.* letter
loch (-anna) lake
lóistín lodgings
lón (lóin) lunch
lorg seeking
luath early, fast
luch (-a), *f.* mouse
luí, cuir ina luí ar persuade

má if
mac (mic) son
mac léinn (mic léinn) student
madadh, madra (madraí) dog
magadh teasing, mocking
maidin (-eacha), *f.* morning
máistir (máistrí) master
maith good
maith go leor all right, so-so
mála (-í) bag
mall late, slow
mamó grandma
mar as, like
mar gheall ar because (of)
maraigh (-ú) kill
marbh dead
margadh market, bargain
máthair (máithreacha), *f.* mother
meáchan weight
méad amount
méadaigh (-ú) increase
meán oíche midnight
meánscoil (-eanna), *f.* secondary school
measa worse
measartha somewhat, sort of
méid amount, size
mí (-onna), *f.* month
mian desire
míle (mílte) mile, thousand
milis sweet
mill (-eadh) ruin, spoil
milseán (milseáin) sweets, candy
minic often
mínigh (-iú) explain
miste (ní ~ do) doesn't mind
moch early (a.m.)
móide (ní ~) unlikely
moill, *f.* delay
móin, *f.* turf, peat
mol (-adh) praise, recommend
mór big

mórán   much, many
mothaigh (-ú)   feel
muc (-a), *f.*   pig
múch (-adh)   extinguish
muiceoil, *f.*   pork
múin (-eadh)   teach
muineál (muinil)   neck
múinte   polite
múinteoir (-í)   teacher
muintir, *f.*   people, family
muir, *f.*   sea
murach   if not, but for

ná   than
náire   shame, embarassment
naomh (naoimh)   saint
neartaigh (-ú)   strengthen
nigh (ní)   wash
nimh, *f.*   poison
níos   more, (*adjectives* +) -er
níos lú   less, smaller
níos mó   more, bigger
nocht   bare, naked
nóiméad (nóiméid)   minute
nós (-anna)   custom, style
nua   new
nuachtán (nuachtáin)   newspaper
nuair   when

ó   from
ó shin   ago, since
obair   working
obráid, *f.*   operation
ocras   hunger
óg   young
oíche (-anta), *f.*   night
oide (-í)   teacher, instructor
oideachas   education
oifig (-í), *f.*   office
óige, *f.*   youth
oileán (oileáin)   island
oirthear   eastern territory
ól (ól)   drink
olc   evil, bad temper
ollamh (ollaimh)   professor
ollscoil (-eanna), *f.*   university
ór   gold
oráiste (-í)   orange
ord   order
ordaigh (-ú)   order
os cionn   above
os comhair   in front of, opposite
ospidéal (ospidéil)   hospital

óstán (óstáin)   hotel, inn
othar (othair)   patient

pá   pay, wages
paidir (paidreacha), *f.*   prayer
páipéar (páipéir)   paper
páirc (-eanna), *f.*   field, park
páiste (-í)   child
peil, *f.*   football
pian (-ta), *f.*   pain
pictiúr (pictiúir)   picture
pingin (pingneacha), *f.*   penny
pionta (-í)   pint
píosa (-í)   piece
plódaithe   crowded
pobal (pobail)   community, congregation
polaiteoir (-í)   politician
polaitiúil   political
poll (poill)   hole
pós (-adh)   marry
post (poist)   post, job
praiseach   mess
príomhoide (-í)   principal (teacher)

rachaidh   will go
radharc (radhairc)   sight, view
rang (-anna)   class
rás (-aí)   race
rásúr (rásúir)   razor
rath   luck, fortune, wealth
réaltóg (-a)   star
réasúnta   reasonable, reasonably
réidh   ready, level, easy
réitigh (-each)   prepare, fix, resolve
riail (rialacha), *f.*   rule
rialtas (rialtais)   government
riamh   ever
rinne (ní dhearna)   did, made
rioball   tail
ríocht   kingdom
ríomhaire (-í)   computer
rith (rith)   run
ró-   too, excessively
roimh   before
roinn (-t)   divide, share
rua   red-haired
rud (-aí)   thing
rug   bore, caught
rugadh   was born
rún (rúin)   secret
rúnaí (rúnaithe)   secretary

sábháil (sábháil)   save
sách   enough, sufficiently

sagart (sagairt) priest
saibhir rich
sáile sea water; **thar ~:** overseas, abroad
salach dirty
sall toward over there
samhradh (samhraí) summer
saoire, *f.* holiday, vacation
saol (-ta) life, world
saor cheap
saothraigh (-ú) earn
Sasana England
sásta pleased, satisfied
scáile shadow, reflection
scannán (scannáin) film
scéal (-ta) story
scéala news
scéalaí (scéalaithe) storyteller
scéim (-eanna), *f.* scheme, project
scian (sceana) knife
scioptha fast
scíth rest
scoil (-eanna), *f.* school
scoláire (-í) scholar
scríobh (scríobh) write
scrúdú (scrúdaithe) examination
seachtain (-í), *f.* week
sean old
sean-nós traditional style
seans (-anna) chance
seas (-amh) stand
seilf (-eanna), *f.* shelf
sein (seinm) play (music)
seo this, these
seol (-adh) sail, send
seomra (-í) room
siar westward, back (direction)
síl (-eadh) think
sin that
síol (-ta) seed
siopa (-í) shop
síos down(ward)
siúd that, yon
siúil (siúl) walk
siúlóid, *f.* taking a walk
slaghdán (slaghdáin) cold
sláinte, *f.* health
slua (sluaite) crowd
smaoinigh (-eamh) think
snámh (snámh) swim
sneachta snow
socair calm, quiet
soir eastward
soithí dishes

solas (soilse)   light
sonas   happiness
sparán (sparáin)   purse
spéaclaí   eyeglasses
spéir, *f.*   sky
spraoi   fun, play
sráid (-eanna), *f.*   street
sreang (-anna)   string, cord
stad (-anna)   stop
staidéar   studying
staighre   stairs
stailc (-eanna), *f.*   strike
stair, *f.*   history
stáisiún (stáisiúin)   station
stát (stáit)   state
Státseirbhís, *f.*   Civil Service
stór (-tha)   store, treasure, wealth
suas   up(ward)
súgradh   playing
suigh (suí)   sit
súil (-e), *f.*   eye, hope, expectation
suim, *f.*   interest
suimiúil   interesting
suíochán (suíocháin)   seat
sula   before

tá (níl, an bhfuil)   is, am, are
tábhachtach   important
tabhair (-t)   give
tacaigh (-ú)   support
tacht (-adh)   choke
tada   nothing
tais   damp
taispeáin (-t)   show
taisteal   traveling
taitneamh   pleasure
taitnigh (taitin)   please, be pleasing
talamh (*genitive*** talún)**   land
tamall   while
tanaí   thin, skinny
taobh (-anna)   side
tapaidh   fast, quick
tar (teacht)   come
tar éis   after
tarlaigh (-ú)   happen
tart   thirst
te   hot
teach (tithe)   house
teach an phobail (tithe pobail)   church
teach ósta (tithe ósta)   pub
teacht   coming
teachtaireacht (-aí), *f.*   message
teagmháil, *f.*   contact

teanga (-cha) language, tongue
teas heat
teastaigh (teastáil) be needed, lacking
téigh (dul) go
teilifís, *f.* television
teip (-eadh) fail
teocht temperature
teorainn (-eacha), *f.* boundary, border
tháinig came
thall over there, yonder
thar (*preposition***)** over, past
thar cionn terrific
thart (*adverb***)** over, past
thiar west
thíos down (location)
thoir east
thuaidh (ó thuaidh) north, northward
thuas up (location)
thug gave
tiarna (-í) lord
tigh at the home/business of
timpeall around, approximately
timpeallacht, *f.* environment
timpiste (-í) accident
tine (tinte), *f.* fire
tinn sick
tintreach (-a), *f.* lightning
tiocfaidh will come
tiomáin (-t) drive
tír (tíortha), *f.* country
tirim dry
tit (-im) fall
tóg (-áil) build, take
toil, *f.* will
toirneach (-a), *f.* thunder
toisc because
toitín (-í) cigarette
tonn (-ta), *f.* wave
toradh (torthaí) result
torthaí fruit
torann (torainn) noise
tosaigh (-ú) begin
trá (-nna) beach
trácht traffic
trasna across
treis (tréan) strong
trí through
trian one third
troid (-eanna), *f.* fight
trom heavy
tuairim (-í), *f.* opinion
tuaisceart the north
tuarascáil (tuarascálacha), *f.* report
tuig (tuiscint) understand

tuilleadh   more, additional
tuirseach   tired
tuismitheoir (-í)   parent
turas (turais)   trip, journey
turasóir (-í)   tourist

uachtar reoite   ice cream
uafásach   awful(ly)
uaine   green
uair (-eanta), *f.*   time, occasion, hour
uan (uain)   lamb
uasal   noble
ubh (uibheacha), *f.*   egg
úd   that, yonder
uilig   whole, entire
uirlis (-í), *f.*   tool
úll (-a)   apple
uncail (-eacha)   uncle
úr   fresh, new
urlár (urláir)   floor
úrscéal (-ta)   novel

veidhlín (-í)   violin

English–Irish glossary

ability   cumas
able (*noun*)   ábalta, in ann
able (*verb*)   féad (-achtáil)
about   faoi, i dtaobh
above   os cionn
abroad   thar sáile
accent (good)   blas (-anna)
accept   glac (-adh)
accident   timpiste (-í)
according to   de réir
acquaintance   aithne, *f.*
across   trasna, anonn
actor   aisteoir (-í)
additional   tuilleadh
affection   cion
after   tar éis, i ndiaidh, i ndéidh
again   arís
against   in aghaidh
age   aois (-eanna), *f.*
ago   ó shin
agree   aontaigh (-ú)
ahead   ar aghaidh
alive   beo
all right   cuíosach
allow   lig (-ean)
almost   beagnach, dóbair (do + *VN*)

already cheana
also freisin
although cé go
always i gcónaí
among i measc, ar fud
amount méad, méid
analyze dealaigh (-ú)
anger fearg
another eile
answer (*noun*) freagra (-í)
answer (*verb*) freagair (-t)
any ar bith
apparent léir
apple úll (-a)
appoint ceap (-adh)
approximately timpeall, thart ar
army arm (airm)
around timpeall
art gallery dánlann (-a), *f.*
article alt (ailt)
as chomh, mar
as a result of de bharr
ask fiafraigh (-ú)
ask for iarr (-aidh)
ass asal (asail)
assistance cúnamh
assistant cúntóir (-í)
association baint, *f.*
at ag
at all ar bith
at the home/business of tigh
attend freastail ar (freastal)
awful(ly) uafásach

baby leanbh (linbh)
back ar ais, cúl; siar (direction)
bad dona, droch-
bad temper(ed) olc
bag mála (-í)
bare nocht
bargain margadh
basement íoslach (-aigh)
basket ciseán (ciseáin)
be needed, lacking teastaigh ó (teastáil)
beach trá (-nna)
bear, catch, carry beir (breith); *past tense*: rug
beard féasóg (-a), *f.*
beat, buail (bualadh)
beautiful álainn
beauty áilleacht, *f.*
because (of) toisc, mar gheall (ar), i ngeall ar
become éirigh (-í)
bed leaba (leapacha), *f.*
before roimh (+ *noun*) sula (+ *verb*)

begin   tosaigh (-ú)
believe   creid (-iúint)
bench   binse (-í)
beside   le taobh
bet   geall (-ta)
better   fearr
big   mór
bigger   níos mó
bill   bille (-í)
bird   éan (éin)
bite   greim (greamanna)
black   dubh
bless   beannaigh (-ú)
blind   dall
blue   gorm
board   clár (cláir)
boat   bád (báid)
boatman   bádóir (-í)
bold   dána
book   leabhar
border   teorainn (-eacha), *f.*
born (was ~)   rugadh
bother   bac (-adh)
bottle   buidéal (buidéil)
boundary, border   teorainn (-eacha), *f.*
box   bosca (-í)
boy   buachaill (-í)
brandy   branda
bread   arán
break   bris (-eadh)
bridge   droichead (droichid)
bright   geal
broadcast   craol (-adh)
brother   deartháir (-eacha)
bucket   buicéad (buicéid)
build   tóg (-áil)
building   áras (árais)
burn   dóigh (dó)
business   gnó
business   comhlacht (-a), *f.*
butcher   búistéir (-í)
buy   ceannaigh (-ch)
by   ag, le (authorship)

call   glaoch
calm   socair
candy   milseán (milseáin)
car   carr (-anna)
careful   cúramach
carry   iompair (iompar), beir (breith); *past tense*: rug
castle   caisleán (caisleáin)
catch   beir ar (breith); *past tense*: rug
cattle   beithigh
cause   cúis (-eanna), *f.*

centre   lár
certain   cinnte, áirithe
chair   cathaoir (-eacha), *f.*
chance   seans (-anna)
change   athraigh (-ú)
cheap   saor
chemistry   ceimic, *f.*
child   gasúr (gasúir), páiste (-í), leanbh (linbh)
choke   tacht (-adh)
church   teach an phobail (tithe pobail)
cigarette   toitín (-í)
city   cathair (cathracha), *f.*
Civil Service   Státseirbhís, *f.*
class   rang (-anna)
clean (*verb and adjective*)   glan (-adh)
clear, apparent   léir
cleric(al)   cléireach
clever   cliste, glic
cloak   brat (brait)
clock   clog (-anna)
close   dún (-adh)
cloth   éadach (-aí)
clothing   éadaí
coast   cósta (-í)
cold (*adjective*)   fuar
cold (*noun*)   fuacht, slaghdán (disease)
collect   bailigh (-iú) , cruinnigh (-iú)
colour   dath (-anna)
coloured   daite
come   tar (teacht); *past tense*: tháinig
comfortable   compordach
common   coitianta
community   pobal (pobail)
company   comhlacht (-a), *f.*
compared with   le taobh
complex   casta
compose   cum (-adh)
computer   ríomhaire (-í)
concerning   i dtaobh
concert   ceolchoirm (-eacha), *f.*
condition   caoi
Confession   faoistin, *f.*
congregation   pobal (pobail)
connection, association   baint, *f.*
contact   teagmháil, *f.*
continue   coinnigh (-eáil), lean (-úint)
copy   cóip (-eanna), *f.*
cord   sreang (-anna)
corner   coirnéal (coirnéil)
correct (*adjective*)   ceart, cóir
correct (*verb*)   ceartaigh (-ú)
costly   daor, costasach
country   tír (tíortha), *f.*
court   cúirt (-eanna), *f.*

cousin, first cousin   col ceathar (col ceathracha)
cover   brat (brait)
coward   cladhaire
crabby   cantalach, crosta
crooked   cam
cross   cantalach, crosta
crossroad   crosbhóthar (crosbhóithre)
crowd   slua (sluaite)
crowded   plódaithe
cry   caoin (-eadh)
cup   cupán (cupáin)
cupboard   cófra (-í)
custom   nós (-anna)
cut   gearr (-adh)

damp   tais
dancing   damhsa, rince
daughter   iníon (-acha)
day   lá (laethanta)
day after tomorrow   arú amárach
day before yesterday   arú inné
dead   marbh
death   bás (-anna)
decrease   laghdaigh (-ú)
deep   domhain
delay   moill, *f.*
demand   éiligh (-iú)
depart   imigh (-eacht)
depend   braith (brath)
desire   mian
despite   d'ainneoin
devil   diabhal (diabhail)
differentiate   dealaigh (-ú), idirdhealaigh (-ú)
difficult   deacair
difficulty   deacracht, *f.*
dig   bain (-t)
direct   díreach
dirty   salach
disease   galar (galair)
dishes   soithí
district   ceantar (ceantair)
divide   roinn (-t)
do   déan (-amh); *past tense*: rinne (ní dhearna)
doctor   dochtúir (-í)
dog   madadh, madra (madraí)
doll   babóg (-a), *f.*
dolphin   deilf (-eanna), *f.*
donkey   asal (asail)
door   doras (doirse)
down   thíos
downward   síos, anuas
dress   gúna (-í)
dresser   drisiúr (drisiúir)
drink (*noun*)   deoch (-anna), *f.*

drink (*verb*) ól (ól)
drive tiomáin (-t)
drop braon (-ta)
drown báigh (bá)
drunk caochta
dry tirim
during i gcaitheamh, le linn, ar feadh

each gach
early luath, moch (a.m.)
earn saothraigh (-ú)
east(ward) thoir, (soir, aniar)
eastern territory oirthear
easy furasta, éasca, réidh
eat ith (-e); *future tense*: íosfaidh
education oideachas
effective éifeachtach
egg ubh (uibheacha), *f.*
embarassment náire
empty folamh
engine inneall (innill)
England Sasana
enough sách, go leor
entire uilig
entire iomlán
environment timpeallacht, *f.*
establish bunaigh (-ú)
even fiú
ever riamh
every 'chuile, gach
everything 'chuile shórt
evil olc
exact cruinn
examination scrúdú (scrúdaithe)
excellence feabhas
excess iomarca, *f.*
excessively ró-
excuse leithscéal
existence bith
expectation súil, *f.*
expensive daor, costasach
explain mínigh (-iú)
extinguish múch (-adh)
extract bain (-t)
eye súil (-e), *f.*
eyeglasses spéaclaí

fail teip (-eadh), clis (-eadh), cinn (-eadh)
fairy (woman) bean sí, *f.*
fall (verb) tit (-im)
family muintir, *f.*
famine gorta (-í)
far i bhfad
farm feirm (-eacha), *f.*

fast   luath, scioptha, tapaidh
father   athair (aithreacha)
fear   faitíos
feel   airigh, mothaigh, braith
festival   féile (-te), *f.*
field   garraí (garraithe), páirc (-eanna), *f.*
fight   troid (-eanna), *f.*
fill   líon (-adh)
film   scannán (scannáin)
fine   breá
finish   críochnaigh (-ú)
fire   tine (tinte), *f.*
firm   daingean
first   chéad
fish   iasc (éisc)
fisherman   iascaire (-í)
fit   feil (-iúint)
fix   réitigh (-each)
flay   feann (-adh)
flea   dreancaid (-í)
floor   urlár (urláir)
flower   bláth (-anna)
fly   eitil (-t)
fog   ceo
follow   lean (úint)
food   bia
fool   amadán (amadáin)
foot   cos (-a), *f.*
football   peil, *f.*
for   le haghaidh, go ceann, ar son, i gcomhair do
force   iallach, iachall (cur ~ ar)
forever   deo, brách (go ~)
fortnight   coicís, *f.*
fortune   rath
found   bunaigh (-ú)
fresh   úr
friend   cara (cairde)
friendly   lách
from   ó, de, as
from yonder   anall
front (in front of)   os comhair
fruit   torthaí
full   lán
fun   craic, *f.*, spraoi

gallon   galún (galúin)
game   cluiche (-í)
garden   garraí (garraithe)
garden   gáirdín (-í)
gather   cruinnigh (-iú), bailigh (-íu)
generous   fial
get   faigh (fáil), *past tense:* fuair, *future tense:* gheobhaidh (ní bhfaighidh);
    bain (-t)
gift   bronntanas (bronntanais)

girl   cailín (-í)
give   tabhair (-t), *present tense*: tugann *past tense*: thug, *future tense*: tabharfaidh
give up   éirigh as (-í)
glass   gloine (-í), *f.*
go   téigh (dul), *past tense*: chuaigh (ní dheachaigh), *future tense*: rachaidh
go away   imigh (-eacht)
God   Dia
going on   ar siúl
gold   ór
good   maith
goods   earraí
goose   gé (-anna), *f.*
government   rialtas (rialtais)
grandma   maimeo
grass   féar (féir)
green   uaine
greet   beannaigh (-ú)
grip   greim (greamanna)
grow   fás (fás)

hag   cailleach (-a), *f.*
hair   gruaig, *f.*
half   leath, go leith
hand   lámh (-a), *f.*
hang   croch (-adh)
happen   tarlaigh (-ú)
happening   ar siúl
happiness   sonas
hard   crua
hardly   éigean, ar éigean
hatred   gráin, *f.*
hay   féar (féir)
head (person)   ceannaire (-í)
health   sláinte, *f.*
hear   clois (-teáil), *past tense*: chuala
heart   croí (-the)
heat   teas
heaven   Flaitheas
heavy   trom
help (*noun*)   cúnamh
help (*verb*)   cuidigh (-iú)
hen   cearc (-a), *f.*
here   anseo, abhus
high   ard
hill   cnoc (cnoic)
history   stair, *f.*
hole   poll (poill)
holiday   saoire, *f.*
homeward   abhaile
hope   súil, *f.*; dóchas
horse   capall (capaill)
hospital   ospidéal (ospidéil)
hot   te
hotel, inn   óstán (óstáin)

hour   uair (-eanta), *f.*
house   teach (tithe)
how   cén chaoi, conas, goidé mar
humour   greann (*genitive*: grinn)
hundred   céad
hunger   ocras
hurling   iománaíocht, *f.*
hurry   deifir, *f.*
hurt   gortaigh (-ú)
hutch   drisiúr (drisiúir)

ice cream   uachtar reoite
if   dá, má
if not   murach
important   tábhachtach
improvement   feabhas
in   i(n)
in time   faoi cheann
in the middle of   i lár
in(ward)   isteach
increase   méadaigh (-ú)
injure   gortaigh (-ú)
inside   istigh
insipid   fann
inspector   cigire (-í)
instead of   in áit, in ionad
instructor   oide (-í)
interest   suim, *f.*
interesting   suimiúil, spéisiúil
invent   cum (-adh)
iron   iarann (iarainn)
is (am, are)   tá (níl, an bhfuil), *past tense*: bhí (raibh); *future tense*: beidh;
   conditional tense: bheadh
island   oileán (oileáin)

job   post (poist)
journalist   iriseoir (-í)
journey   turas (turais)
joy   áthas
jump   léim (léim)
just   cóir
justice   cóir, *f.*

keep, continue   coinnigh (-eáil)
kill   maraigh (-ú)
kind (*adjective*)   lách
kind (*noun*)   cineál (-acha)
kingdom   ríocht
kitchen   cistin (-eacha), *f.*
knife   scian (sceana)
knock down   leag (-an)
knowledge   fios

lack   teastaigh ó (teastáil)
ladder   dréimire (-í)
lake   loch (-anna)
lamb   uan (uain)
land   talamh (*genitive*: talún)
landlady   bean tí (mná tí)
language   teanga (-cha)
last   deireanach
last night   aréir
last year   anuraidh
late   mall
laughing   gáire
lay   leag (-an)
laziness   leisce, *f.*
lazy   leisciúil
leader   ceannaire (-í)
leaf   duilleog (-a), *f.*
leap   léim (-t)
learn   foghlaim (foghlaim)
least   laghad
leave   fág (-áil)
lecture   léacht (-anna)
left   clé
length   fad, *f.*
less   níos lú
lessen   laghdaigh (-ú)
lesson   ceacht (-anna)
let   lig (-ean)
letter   litir (litreacha), *f.*
level   réidh
library   leabharlann (-a), *f.*
lie   bréag (-a), *f.*
life   saol (-ta)
light (*noun*)   solas (soilse)
light(weight)   éadrom
lightning   tintreach (-a), *f.*
like   mar, ar nós
like (the like of)   leithéid
line   líne (-í)
listen, leave alone   éist (-eacht)
lively   beo, bríomhar
lodgings   lóistín
long   fada
long ago   fadó
look at   féach (-aint), breathnaigh (-ú), amharc
lord   tiarna (-í)
lose   caill (-eadh)
low   íseal
luck   adh, rath
lunch   lón (lóin)

machine   inneall (innill)
make   déan (-amh); *past tense*: rinne (ní dhearna)

man   fear (fir)
manager   bainisteoir (-í)
manner   dóigh (-eannna), *f.*
many   go leor, mórán
market   margadh
marry   pós (-adh)
mass   aifreann (aifrinn)
master   máistir (máistrí)
May   Bealtaine, *f.*
maybe   b'fhéidir
meal   béile (-í)
meaning   brí
meat   feoil, *f.*
meet   buail le (bualadh)
meeting   cruinniú (cruinnithe)
mess   praiseach
message   teachtaireacht (-aí), *f.*
midnight   meán oíche
mile   míle (mílte)
milk   bainne
mind (doesn't ~)   ni miste do
minute   nóiméad (nóiméid), bomaite
mistake   botún (botúin)
mocking   magadh
money   airgead
month   mí (-onna), *f.*
more   tuilleadh, níos mó
more, (*adjectives* + -er)   níos
morning   maidin (-eacha), *f.*
mother   máthair (máithreacha), *f.*
mouse   luch (-a), *f.*
much   mórán, go leor
music   ceol (-ta)
musician   ceoltóir (-í)
must   caithfidh, foláir; ní ~
mutton   caoireoil, *f.*

naked   nocht
name   ainm (-neacha)
narrow   cúng
nasty   gránna
naughty   dána
necessity   gá
neck   muineál (muinil)
neighbour   comharsa (-na), *f.*
neighbourhood   ceantar (ceantair)
net   líon (-ta)
never   go brách, go deo
new   nua, úr
news   scéala
newspaper   nuachtán (nuachtáin)
next door   béal dorais
nice   deas, lách

night oíche (-anta), *f.*
noble uasal
noise torann (torainn)
north(ward) thuaidh (ó thuaidh)
northern territory tuaisceart
nothing faic, tada
notice tabhairt faoi deara
novel (*noun*) úrscéal (-ta)
now anois
nurse banaltra (-í), *f.*

occasion uair (-eanta), *f.*
occasionally corruair
odd aisteach
of de
office oifig (-í), *f.*
often minic
old sean
old woman cailleach (-a), *f.*
on ar
on top of ar bharr
one amháin
operation obráid
opinion tuairim (-í), *f.*
opportunity deis (-eanna), *f.*
opposite os comhaire
orange oráiste (-í)
order (*noun*) ord, eagar
order (*verb*) ordaigh (-ú)
organization eagar
other eile
out of as
out(side) amuigh
outward amach
over thar (*preposition*); thart (*adverb*)
over there ansiúd, thall
overseas thar sáile

pain pian (-ta), *f.*
pants bríste (-í)
paper páipéar (páipéir)
paragraph alt (ailt)
parent tuismitheoir (-í)
park páirc (-eanna), *f.*
particular áirithe
party cóisir (-í), *f.*
past thar (*preposition*); thart (*adverb*); caite (*time*)
patience foighid, *f.*
patient othar (othair)
pay íoc (íoc)
pay, wages pá
peat móin, *f.*
penny pingin (pingneacha), *f.*
people muintir, *f.*, daoine

perhaps   b'fhéidir
permission   cead
person   duine (daoine)
persuade   áitigh (-iú), cur ina luí ar
physics   fisic, *f.*
pick up   bailigh (-iú)
picture   pictiúr (pictiúir)
piece   píosa (-í)
pig   muc (-a), *f.*
pint   pionta (-í)
place   áit (-eanna), *f.* (*noun*)
place   leag (-an) (*verb*)
plant   cuir (cur)
play   spraoi; ~ **games**: imir (-t); ~ **music**: sein (-m), cas (-adh)
playing   súgradh, spraoi
please (be pleasing)   taitnigh (taitin)
pleased   sásta
pleasure   taitneamh
poem   dán (-ta)
poison   nimh, *f.*
police   garda (-í)
polite   múinte
political   polaitiúil
politician   polaiteoir (-í)
pool   linn, (-te), *f.*
poor   bocht
pork   muiceoil, *f.*
portion   cuid, *f.*
possible   féidir
post   post (poist)
potato   fata (-í), práta (-í)
power   cumas
praise   mol (-adh)
pray   guigh (guí)
prayer   paidir (paidre), *f.*
pregnant   ag iompar cloinne
prepare   réitigh (-each)
presence   láthair
previously   cheana
priest   sagart (sagairt)
principal (teacher)   príomhoide (-í)
print   cló (-anna)
prize   duais (-eanna), *f.*
problem   fadhb (-anna), *f.*
professor   ollamh (ollaimh)
program   clár (cláir)
project   scéim (-eanna), *f.*
promise (*noun*)   geall (-ta)
promise (*verb*)   geall (-adh)
pronounce   fuaimnigh (-ú)
pub   teach ósta (tithe ósta)
pupil   dalta (-í)
purse   sparán (sparáin)

push   brúigh (brú)
put   cuir (cur)

quarter   ceathrú
question   ceist (-eanna)
quick   beo, tapaidh
quiet   socair, ciúin

race   rás (-aí)
rain   báisteach, *f.*, fearthainn, *f.*
raise   ardaigh (-ú)
rare   annamh
razor   rásúr (rásúir)
read   léigh (-amh)
ready   réidh
reason   fáth (-anna), réasún
reasonable, reasonably   réasúnta
recognize   aithin (-t)
recommend   mol (-adh)
red   dearg
red-haired   rua
reflection   scáile
refrigerator   cuisneoir (-í)
regret   aiféala
reluctance   drogall
remember   cuimhnigh (-eamh), cuimhin; is ~ le
rent   cíos
repair   cuir caoi ar (cur)
report   tuarascáil (tuarascálacha), *f.*
request   iarr (-aidh)
require   iachall, iallach; cuir ~ ar
residence   cónaí
resolve   réitigh (-each)
rest   scíth
restaurant   bialann (-a), *f.*
result   toradh (torthaí)
return (in ~)   ar ais
review   léirmheas (-anna)
rich   saibhir
right   ceart, cóir; deis (direction)
rise   éirigh (-í)
river   abhainn (aibhneacha), *f.*
road   bóthar (bóithre)
roof   díon (-ta)
room   seomra (-í)
round   cruinn
route   bealach (-aí)
ruin   mill (-eadh)
rule   riail (rialacha), *f.*
run   rith (rith)
rush   deifir, *f.*

sail   seol (-adh)
saint   naomh (naoimh)

sake (for the ~ of)   ar son
same   céanna
satisfied   sásta
save   sábháil (sábháil)
say   deir (rá); *imperative*: abair; *past tense*: dúirt; *future tense*: déarfaidh
scheme   scéim (-eanna), *f.*
scholar   scoláire (-í)
school   scoil (-eanna), *f.*; *primary*: bunscoil (-eanna), *f.*; *secondary*: meánscoil.
   (-eanna), *f.*
science   eolaíocht, *f.*
scoundrel   bithiúnach (-aigh)
sea   farraige, *f.*, muir, *f.*
sea water   sáile
seat   suíochán (suíocháin)
second   dara
secret   rún (rúin)
secretary   rúnaí (rúnaithe)
secure   daingean
see   feic (-eáil); *past tense*: chonaic (ní fhaca)
seed   síol (-ta)
seeking   lorg
self   féin
sell   díol (díol)
send   seol (-adh), cuir (cur)
send for   cuir fios ar
sense   ciall, *f.*
serve   freastail ar
shadow   scáile
shame   náire
share   roinn (-t)
sharp   géar
shave   bearr (-adh)
sheep   caora (caoirigh), *f.*
sheet   bráillín (-í), *f.*
shelf   seilf (-eanna), *f.*
shirt   léine (-te), *f.*
shoe   bróg (-a), *f.*
shoemaker   gréasaí (gréasaithe)
shop   siopa (-í)
short   gearr, gairid
show   taispeáin (-t)
sick   tinn
side   taobh (-anna)
sight   amharc (radhairc)
silver   airgead
similar   cosúil
since   ó shin
sing   can (-adh), cas (-adh)
sister   deirfiúr (-acha), *f.*
sit   suigh (suí)
size   méid
skin   craiceann (craicne), *f.*
skinny   tanaí

sky   spéir, *f.*
sleep   codail (codladh)
sloth   leisce, *f.*
slow   mall
sly   glic
small   beag
smaller   níos lú
smell   boladh
smith   gabha (gaibhne)
snow   sneachta
soft   bog
some   éigin
somewhat   measartha, cineál
son   mac (mic)
song   amhrán (amhráin)
soon   go gairid, is gearr go
sorrow   brón
sort of   measartha, cineál
so-so   cuíosach, maith go leor
sour   géar
south(ward)   deas (ó dheas)
southern territory   deisceart
speak   labhair (-t)
spend   caith (-eamh)
spoil   mill (-eadh)
spouse   céile
stairs   staighre
stand   seas (-amh)
star   réaltóg (-a)
state   stát (stáit)
station   stáisiún (stáisiúin)
stay   fan (-acht)
steal   goid (goid)
still   fóill, fós
stone   cloch (-a), *f.*
stop   stad (-anna)
store   stór (-tha)
story   scéal (-ta)
storyteller   scéalaí (scéalaithe)
straight   díreach
strange   aisteach
street   sráid (-eanna), *f.*
strengthen   neartaigh (-ú)
strike (*noun*)   stailc (-eanna), *f.*
strike (*verb*)   buail (bualadh)
string   sreang (-anna)
strong   láidir, tréan, treis
student   mac léinn (mic léinn)
studying   staidéar
style   nós (-anna)
subject   ábhar (ábhair)
sufficiently   sách
suit   feil (-iúint)
summer   samhradh (samhraí)

sun　grian, *f.*
support　tacaigh (-ú)
sure　cinnte
surprise　iontas
sweet　milis
sweets　milseán (milseáin)
swim　snámh (snámh)

table　bord (boird)
tail　rioball
take　tóg (-áil)
talking　caint, *f.*
tall　ard
taste　blas (-anna)
tasty　blasta
teach　múin (-eadh)
teacher　múinteoir (-í), oide (-í)
team　foireann (foirne), *f.*
teasing　magadh
-teen　déag
television　teilifís, *f.*
tell　inis (insint)
temperature　teocht
terrific　thar cionn
than　ná
thanks　buíochas
that　sin, siúd, úd
theatre　amharclann (-a), *f.*
there　ansin, ansiúd
these　seo
thin　tanaí
thing　rud (-aí)
think　síl (-eadh), ceap (-adh), smaoinigh (-eamh)
third　trian
thirst　tart
this　seo
thousand　míle
through　trí
throughout　ar fud
throw　caith (-eamh)
thunder　toirneach (-a), *f.*
thus　amhlaidh
tie　ceangail (ceangal)
tight　dlúth
time　am (-anna), uair (-eanta), *f.*, aimsir, *f.*
tired　tuirseach
to　do, chuig, chun, go dtí
tomorrow　amárach
tongue　teanga (-cha)
too　freisin (also); ró- (excessively)
tool　uirlis (-í), *f.*
tourist　turasóir (-í)
toward　chuig, chun, go dtí
toward over there　sall, annon

town   baile (-te)
traditional style   sean-nós
traffic   trácht
traveling   taisteal
treasure   stór (-tha)
tree   crann (crainn)
trim   bearr (-adh)
trip   turas (turais)
trousers   bríste (-í)
truth   fírinne, *f.*
turf   móin, *f.*
turn   cas (-adh), iompaigh (-ú)
twisted   casta
two people   beirt, *f.*
type   cineál (-acha)

ugly   gránna
uncle   uncail (-eacha)
under   faoi
understand   tuig (tuiscint)
unite   aontaigh (-ú)
university   ollscoil (-eanna), *f.*
unless   murach
unlikely   ní móide
up   thuas (location); suas, aníos (direction)
up to   chun, go dtí
usual   coitianta, iondiúil

vacation   saoire, *f.*
vegetable   glasra (-í)
village   baile (-te)
violin   veidhlín (-í)
visit   cuairt (-eanna), *f.*
visitor   cuairteoir (-í)

wait   fan (-acht)
wake   dúisigh (-eacht)
walk   siúil (siúl); **taking a ~:** siúlóid, *f.*
wares   earraí
wash   nigh (ní)
watch   breathnaigh (-ú)
wave   tonn (-ta), *f.*
way   bealach (-aí), dóigh (-eanna), *f.*
weak   lag, fann
weaken   laghdaigh (-ú)
wealth   stór (-tha), rath
wear   caith (-eamh)
weather   aimsir, *f.*
wedding   bainis (-eacha), *f.*
week   seachtain (-í), *f.*
weekend   deireadh seachtaine
weight   meáchan
welcome   fáilte
west(ward)   thiar, siar, anoir

western territory iarthar
wet (*adjective*) fliuch
wet (*verb*) fliuchadh
what cad, céard, goidé; cén, cé na
when nuair; cathain, cén uair (question)
where cá
which cén, cé na
while tamall; **in a ~, a ~ ago:** ar ball
white bán
who cé
whole uilig, iomlán
wide leathan
wild fiáin
will toil, *f.*
win buaigh (-chan), gnóthaigh (-chtáil)
wind gaoth (-anna), *f.*
window fuinneog (-a), *f.*
wine fíon
winter geimhreadh (-í)
with le
within (time) i gceann
woman bean (mná), *f.*
wonderful iontach
wood adhmad
word focal (focail)
work(ing) obair
world saol (-ta)
worry imní
worse measa
worthwhile fiú
write scríobh (scríobh)

year bliain (blianta), *f.*; **this ~:** i mbliana
yellow buí
yesterday inné
yet fóill, fós
yonder ansiúd, thall; + *noun*: úd; + *pronoun*: siúd
young óg
youth óige, *f.*